岩下 修の国語授業

授業を成立させる基本技60

アクティブ・ラーニングを目指す授業づくり

岩下 修 著

明治図書

はじめに

アクティブ・ラーニング。よい言葉である。日本語に置き換えると、主体的学習、自ら学ぶ学習ということになろう。しかし、これらの日本語に置き換えた用語は、もはや力を失ってしまった感がある。アクティブ・ラーニング。横文字の言葉であるが、子どもの知的・能動的な精神に満ちた学習活動が浮上するのがよい。アクティブ・ラーニングは、講義型の授業に疑問を投げかける。活動ありきの学習に警鐘を鳴らす。大事なのは、子どもの精神がアクティブであることだと。

アクティブ・ラーニングのある授業。四〇年あまり、私が目指してきたものである。小学生は、知りたがりで、やりたがりで、動きたがり。小学生に講義型が通用しないことは、子どもの前に立てばすぐわかる。ここから、私の〝作戦〟が始まった。表現活動のある授業。音読を多用した授業。対話を軸にした授業。グループ活動、そして、発問・指示を軸にした指導言の工夫等々。先輩の教師や研究者の方々から、私自身がアクティブに学んできた。そして、思う。日本の小学校教育から生み出されたアクティブ・ラーニングのための技法は、世界に類を見ないほど多種多様であると。

だから、大学教育の場でも、一方向の講義ではなく、小学校で行っているアクティブな学習法を導入しようということになったのであろう。この時代に対応する人材を育成しようと。

では、現在の小学校現場の授業は、果たして、大学教育のモデルになり得るか。国語の授業だけを考えても、大変心もとない状況である。

「読解の授業、作文の授業。どうしてよいかわかりません」と若い教師。
「活動が増えて、読解する時間がありません」とベテラン教師。
「ベテラン教師が抜けて、指導法を伝える人がいない」という管理職。
「全国学力テストに対応できる国語力が身につかない」という声も。小学校現場での悩みも、年々大きくなっている。

こんな悩みの解消に向けて、アクティブ・ラーニングを成立させるとっておきの技を紹介する。知的でアクティブな精神が生まれる技を60点厳選した。定番的な技もある。微細な部分に目をつけた技もある。少々大胆に導入した技もある。中には、技でなく型として示したものもある。すべて、授業の中で、活用し、繰り返し修正してきたものだ。

同類の書としては、『国語の授業力を劇的に高めるとっておきの技法30』（明治図書）がある。この書は、立命館小学校に赴任する前、公立校時代の授業から生まれたものだ。それから一〇年。今回の技は、京都の立命館小学校と名古屋の名進研小学校での授業から生まれたものだ。

どこからお読みいただいてもよい。ピタッとくるものからどんどん活用していただきたい。子どものアクティブ・ラーニングあるところ、教師のアクティブなマインドがある。これは、いつの時代にも変わらないことである。アクティブ・ラーニングのある授業を目指す先生方に本書を捧げる。

岩下　修

もくじ

一章 アクティブな授業の第一歩! 音読指導の基本技

二章 発問・指示が決め手! 文学の読解授業をアクティブにする基本技

四章 言語力を定着させる！説明文の読解授業をアクティブにする基本技

五章 アクティブな思考を促す！ 書く力が身につく作文指導の基本技

六章　発信型でアクティブに！漢字指導の基本技

一章

おさえておきたい！アクティブな国語授業を支える基本技

「伝え合い」のある授業が求められている。「伝え合い＝対話」は、私の授業の一つの柱である。「伝え合う」という言語活動が目的ではない。次々と知が発生するアクティブな授業を成立させる上で、対話的活動が必要なのである。本章では、アクティブな対話的な授業を支える基本技を紹介する。ちょっとひねりの効いた技である。「Aさせたいなら B と言え」の具体的な活用ともいえる。子どもの心をアクティブにする技である。

1 あいさつは目でする

「それでは、始めましょう。四三ページを音読します。」とか「うーん。この二の場面は、不思議なことがありますね。」担任時代は、あいさつなしで、いきなり授業に入っていくことが多かった。教師の最初の一言が出ると同時に、子どもは目を向けて対応した。一秒の隙間も生まれないようにしていた。

ここのところ教科担任として国語を担当している。どのクラスも、子どもがあいさつすることになっている。「今から、国語の授業を始めます。よろしくお願いします。」私も「お願いします。」と応える。あいさつをすることで、ここからは、「学び」の時間、公の場であることを、教師も子どもも共通理解することができる。それも大事なことだ。ところが、私が前に立っても、さっとあいさつが始まらないクラスがある。三秒待ってもだめなときは、「それじゃ、先生が言います。お願いします。」と私が言ってしまう。

子どもがあいさつするにしても、私がするにしても、大事にしていることがある。それは、

あいさつをしたあと再度相手を見る。

ことである。

あいさつの前に視線を向ける指導はよく行われている。ところが、あいさつのあとの視線については、ほとんど指導されていない。「お願いします。」と声が出たところで、「はい、そこでもう一度前を見てください。」と指示。向かってきた目に対して、私も、さっと視線を送る。全員とまなざしを

共有できると、私もうれしいのだ。

授業の最後も同じである。「ありがとうございました。」のあとのまなざしの共有で授業は気持ちよく完結するのである。最後のあいさつやまなざしの共有は、確かに、事後的なものである。が、しっかりきっちり行うことで、その日の授業までさかのぼって違う意味や価値が生まれるように思えてくる。

この「あいさつのあと、再度見る」は、授業のあいさつに限らない。

日本人は、あいさつの際にお辞儀をする。中には、目も見ないで、お辞儀しながら「おはようございます。」と言う人もある。これはありがたくない。

目を見てあいさつの言葉を言ったあと、お辞儀をする。形としては、それで終了かもしれない。が、私は、お辞儀のあと、視線が向いてこないと寂しい。

あいさつの最後の最後は、まなざしの共有で終了したいのである。そして気づいたことがある。

あいさつは目でする。

極端なことを言えば、「おはようございます。」の言葉は多少いい加減でもかまわない。お辞儀もそうだ。目（まなざし）があれば、あいさつになる。目は「言葉」の代わりになる。目で「お辞儀」もできる。

言葉より目の方が力をもっているのかもしれない。

2

さっと動いてじっと聞く

授業も、学級経営も、子どもが教師の話を聞く姿勢ができているかどうかにかかっている。話を聞くことができないクラスを見ていると、教師の身体・言語活動に問題があることは一目瞭然である。落ち着きがなく、手遊び、足ゆすり等、ほぼ全員が動いているクラスに出会った。もちろんおしゃべりもひどい。「動いてはいけません。」「手遊びしてはいけません。」おそらく耳にタコができるくらい言われていたに違いない。

私は、言った。

どんなかっこうでもいいから、とにかく動かないでください。

「どんなかっこうでもいいから」という意外な言葉が、子どもの心を動かした。子どもたちは、いろんなかっこうで動きを止めた。わざと机にうつ伏せになったかっこうをした子もいた。ふざけていると言おうか、これが子どもだと言おうか。取りあえずは、指示通りにしている。

そこで、言う。

人間は耳に聞こえる言葉より、目の前で動くものに注意がいくようにできています。動くものがあると、気になってしかたがありません。

と言いながら、教師は伸ばした左腕の先をくちゅくちゅ動かし続ける。子どもたちは、笑いながら見ている。

タイミングを見計らって言う。

一流の人を見てきました。スポーツの選手、音楽家等、一流の人は、話を聞くとき動きません。話し手を見ていたり、下を見ていたり、物にさわっていたり、いろいろです。共通しているのは、じっと動かないで話を聞くということです。

これは、私の体験談と言っていい。その道のプロと言われる人は、相手の話が始まったとき、確かにすっと動きが止まる。他の知覚を遮断し、聞くことに専念する体になっているように見える。あたかも、「聞く」という空気が体から発せられているように見える。さらに、話を進める。

でもね。話を聞いているとき、体を動かしたくなりますよね。いい方法があります。話す人が変わるところ。同じ人なら、話の変わり目で、さっと動くのです。そして、その形で、またじっと耳を傾ける……。

話し合いのとき、A君の発言が始まったら動かない。発言が終わったら、さっと動いていい。次にBさんの話が始まったら、また動きを止める。先生の話のときも同じであることを言う。

「さっと動いて、じっと聞く。」

人は、動くものではなく、不自然に動き続けるものが気になるということである。

3

10秒で授業に集中させる

始業と同時にいきなり一斉音読からスタート。

授業は、最初の10秒で決まる。全員を素早く集中させる必要がある。

私が一番多用しているのは、音読だ。時間になったら、「〇ページです。全員で読みます。」とさっと一斉音読させる。準備が遅れて、スタートに間に合わない子もいる。あわてて参加することになる。何かの理由で教室に遅れて入ってきた子は、同じようにさっと音読に参加する。なぜスタートに遅れたかなどは、その場では聞かない。聞いていたら、授業の流れに淀みができる。

もちろん、全員で一斉音読がスタートできるのが理想である。そのためにも、右のように、「前置きなくいきなり音読からスタートする」のである。

一斉音読で、クラスに知が生まれたところで、次の発問・指示を提示していくことになる。

四月。私が教室へ入ったのに、図書室で借りた本を堂々と読んでいる子がいる教室があった。いかにもよいことをしていますという顔をして。時間が来るまでは自由であるとばかりに……。読書＝知のイメージがあるのかもしれない。しかし、私は、このような光景に違和感を感じる。

時間が来た。

「はいっ、全員で、三七ページを音読します。」

〝読書〟していた子は、当然、教科書を開くのが一瞬遅れた。「残念、一秒、遅れた人がいましたね。」〝読書〟に集中するほど、当然、授業に対する構えが弱くなる。その子たちが受けてきた授業は、直前まで〝読書〟していても、十分取り戻せるものだったのだろう。

「教科書を開いていなかった人は、一〇〇メートル競走が始まるのに、スタートラインに集まっていなかったのと同じ人ですね。」「そして、一〇〇メートル競走では、スタートの出遅れは致命的ですよね。途中で取り戻すことはできません。」

私の授業は、短距離走とまではいかないにしても、四〇〇メートル走くらいのイメージなのである。全員を集中させ、一斉にスタートさせる。ときには、次のようなことも言う。

この空気では、教室に入れませんね。授業できる空気になっていませんからね。

オープンスペースのある教室でも、ここからは教室という目に見えない境界線がある。時間が来たので、その中へ入ろうとする。が、まるで準備ができていないクラスがある。おしゃべりをしたり、用具の準備ができていなかったりする。教室の境界を超えて手を差し入れながら言う。「授業できる空気になっていませんね……。」

子どもたちが席についているのは当然。教科書とノートが出ているのも当然。その授業に関わる音読とか、筆記とか、何らかの知的作業をしていなければならない。なぜなら、教師も、発問を考えたり、授業展開を考えたり、「頭を温めて」教室に来ているのだ。その教師と渡り合うためには、子どもにも、構えが必要なのだ。

4 おしゃべりを即座にやめさせる

おしゃべりを注意しなくてもいいクラスは、むしろ少ないだろう。子どもは、そもそも、おしゃべり屋さんだ。何かのきっかけですぐおしゃべりが始まる。さて、どう対処するか。「静かにしなさい。」と言う教師はさすがに少ないようだ。効き目のない「耳タコ言葉」であることが常識になっているからだろう。

ところが、面白いことに、子どもたちに司会をさせると、必ず「静かにしてください。」から始まる。それでも、静かにならないので、今度は大きな声でまた「静かにしてください。」その声の方がうるさかったりする。

こんなときには、その司会の子どもに、次のように耳打ちしてやるといい。

こちらを見てくれている人の名前を言ってみてください。何も言わないで、名前だけ言ってください。

「佐藤さん、星野君、塚本さん……。」すると、「あっ、何だか名前が呼ばれている。何だろう……。」という空気が流れ、急激に静かになっていった。

お見事である。誰でも自分の名前には、人一倍関心がある。私でもそうだ。岩下の「イワ」という音声が聞こえた瞬間に、もう反応している。子どもでも同じだ。

「今、呼ばれた人は、どんな人ですか。」と聞く子が出る。そこで、司会が言う。「こちらを見てくれた人です。」

私は、言った。「名前って、すごい威力があると思いませんか。あれほど、うるさかった教室が、あっと言う間に静かになりました。誰だって、自分の名前には敏感だから、司会が名前を言ったとき、自分も呼ばれるのではないかと、おしゃべりをやめたのですね。」

このように、言葉がもつ力、言葉の働きの面白さを紹介してやる。そうすれば、小さい子たちでも、「静かにしてください。」は言わなくなる。「AさせたいならBと言え」の力、働きの面白さは、教師だけが独占せず、子どもたちに伝達していけばよいのだ。

六年ほど前のことだ。京都市交響楽団の演奏を学校全員で聴きに行った。保護者も多くいた。オーケストラのメンバーが舞台の上に着席した。指揮者の大友直人さんが登場した。それだけでかなり静かになったと思った。大友さんは次のようなことを言った。

実は、「静か」という音があるのです。みなさん、聴こえますか。

その瞬間、会場にいた千人近い人間がその「音」を聴こうとした。そうすると、「……」。本当に、舞台の方から、「静かさ」が発する音が聴こえてきた。「あっ、聴こえる。」と言った子もいた。集中した人間集団が生み出す音、知の集まった音のような気がした。

我々は、「静かな音」を聴くように、オーケストラの音に耳を傾けたことは間違いない。能動的に「聴く」という行為があることを、大友さんは教えてくれたのだった。

5 発問・指示にスポットを当てる

教師の指導言は、主に、発問、指示、説明に分けられる。よい授業に共通しているのは、発問、指示、説明を明確に意識して、計画的に発せられていることである。拙著『「指示」の明確化で授業はよくなる』（明治図書）では、「指示のない授業はない」ことを指摘した。教材のない授業はない。その後、その教材とどう関わるか指示しない教師はいないということである。

「ごんぎつね」２の場面の前半には、ごんの行動、思考がしっかり描写されている。

説明　弥助と新兵衛のうちは、うちのうらを通っていますと書いてあります。ところが、兵十のうちは、「うちの前へ来ました」と書いてあります。

ここで、なぜ、うらを通ったかを問う手もある。がここでは、説明にする。そして、問う。

発問　兵十のうちだけは、なぜ、「うちの前」へ来たなのでしょう。
指示　２の場面の中から理由を見つけ、線を引きましょう。

発問だけだと、思いつきで、発言する子が出る可能性がある。そこで、「２の場面の中から」という指示を助言的にしている。私は、「発問は思考内容の提示」「指示は思考方法の提示」ととらえている。右の場合、発問と指示の両方が大事である。そこで、この言葉にスポットを当てる。

いろいろなスポットの当て方がある。声に緩急をつけたり、逆に声を落としささやくように言ったりする。
それでも、聞き漏らす子がいるものだ。

スポットを当てる発問や指示は声を落とし、二度、三度繰り返す。

右の場合は、机間指導でどこに線を引いているか見ながら、繰り返していくとよい。
すると、「こんなことを考えながらやって来ますと」「いつのまにか」という言葉を見つける。
そこで、次の発問を提示することになる。

発問　「こんなこと」とは、どんなことですか。

「村に何かあるんだな」とか、「秋祭り」について考えていることが出される。
これで、ごんの行動と思考が明らかになったところで、次の発問・指示を出す。

発問　ごんについて、いろいろ新しいことがわかりましたね。ごんは、どんなきつねだとわかりますか。
指示　「〇〇ぎつね」「〇〇のきつね」と名づけてみましょう。ノートに書きましょう。

再び、発問、指示にスポット。授業にリズムと間が生まれていく。授業が展開していく。

6 子どもたち全員をスキャンして見る

教師は、子どもたちに見ることを要求する。見ていないと、聞いていないように思うからだろう。ところが、その教師が意外に、子どもを見ていない。目が中空を浮いていたり、左右の前列に目が届かなかったり。

元広島大学教授・吉本均氏は、「まなざしの共有」を力説された（『授業の原則』明治図書）。簡単に言えば、教師は、子どもの情報を「見てとる」だけではなく、「見ていますよ」という安心を届ける必要があるということである。教師と子どもとが、「まなざしを共有」する中でこそ、心を開いた授業が生まれるというのである。私は、なるほどと思い、実践しようとした。ところが、実際には、そう簡単なことではない。

初めは見ていたつもりが、板書のあとに目が宙に浮いてしまったり、時間不足になり子どもを見る余裕がなくなったりしてしまう。

そもそも立った状態から、座っている子たちを見下ろすわけであるから、よほど意識して見ることをくり返し、身体化しておかないと、すぐに中空に浮くということにもなる。よい方法がある。

子ども用の椅子を用意し座って見てみる。

立った状態で膝をまげて、少しずつしゃがんでいく。すると、ある高さになると、急に子どもたちの目が飛び込んでくる。「まなざしが共有」されることのよさを実感することができる。教室の黒板の前に椅子を用意しておくことをおすすめする。

　では、教師が立った位置から、左右にほぼ一八〇度の状態で座っている子たち一人一人をどのように見ていけばよいか。

　私が印象に残っているのは、N先生とS先生だ。三五年くらい前だ。教室で作文の授業をされていたN先生。子どもの作文を手にして、左から右へ、右から左へと、首を大きく伸ばし傾けながら、視線を送られていた。S先生は、体育館での講演だった。本当に、隅々まで視線を送っていく。会場にいた全員がS先生と目が合ったと思ったであろう。全員を見る方法があると思ったのだった。

　私も、いろいろ試してきた。最近、私が、とっている方法を紹介しよう。

「さあ、みんな見てるかな。」と言いながら、

手を伸ばし、その手で、子どもたち全員をスキャンするように、左から右、右から左へと動かしていく。


「おっ、Aさんの目がいいねえ。」

「Bさんは見ているという空気が出ている。」

「おお、この列はみんな目に力がある。」

等と、声をかけていく。駅員さんが指さし確認をしているのをよく見かける。私のも、指さし確認の一種なのかもしれない。もちろん、こんなことしなくても、全員を見ていくことができる先生もいるに違いない。

7 忘れ物で悪い空気を出させない

「先生、○○を忘れました。」「宿題、やったけど忘れました。」

国語の教科書、ノート、漢字ドリル、宿題等々、忘れ物はあとをたたないだろう。

「忘れ物をして一番困るのは誰ですか。」と問う。すると「自分です！」と答える子がいる。「それは、自分が困るのは当然だけど……。」と私。

忘れ物をして一番困るのは、あなたの近くの子です。「忘れたー」「困ったー」「見せてもらおうかなー」という、「ワスレマシタという空気」が、三メートルくらいまで広がります。

忘れ物をした子が五人もいれば、「ワスレ毒」で教室中が意気消沈ということになる。もちろん、その毒は、教師にも影響する。「信じられん。国語なんか毎日あるのに、なぜ忘れるんだ。」と怒る教師は、間違いなく、「ワスレ毒」を吸ったのである。その毒が効いて、今度は「イカリ毒」を振りまいたのである。毒の複合。

大事なことは、忘れ物をした子がいても、「ワスレ毒」を出させないことだ。忘れ物をした子が一〇人くらいいそうなときは、授業の冒頭で次のような指示を出す。

何か一つでも忘れた子は、フロアに出てください。同じ仲間どうし、グループをつくってください。

そして、残りのメンバーで授業を始めてしまう。例えば、新出漢字の指導の時間だとしたら、読み、筆順、大事なポイント等々をしてしまう。「一生懸命という空気」は、フロアまで伝わる。すると、忘れた子どうし、何だかんだと、結構しっかり、仲間分けをしている。「すごいじゃないか。一生懸命話し合ってるじゃない！」

教室は忘れない人の集まり、フロアは、忘れ物をした人の集まり、見事な対比関係だな。でも、両方のグループ共に、一生懸命やっているという点では、類比だねー。

もちろん、こんなことは、一年に一回くらいしか言わない。次のことは、必ず言う。

グループごとに、代表を決める。代表は、「自分たちがどんなグループなのか」と「このあと、何をするのか」その二つを言ってもらいます。グループで相談。

こう指示して、新出漢字の指導を続けていく。きりのよいところで、代表が言う。

「私たちは、漢字ドリルも、漢字ノートも忘れました。練習は国語のノートにやります。家で、漢字ノートにやってきます。」

「私たちは、全部持ってきているけど、宿題をやってきていません。宿題は、今日中にやって出します。」

自然に、公的な会話で話すことになる。私も、「はい、どうぞ。そうしてください。」と、短い言葉で対応する。忘れ物をした子たちも、さっそうと仲間の中に入っていく。一件落着、そのまま、漢字の授業を続けていく。

8 テンポよく次々と対応する

「こちらをしっかり見させたい」ときに私が発する定番の言葉がある。

おっ、ユカさんは目の力が強いですね。男子では……タクオ君かな。班でいいのは……三班だな。まてよ、五班もいい……。おっ、今は、全員がよくなった。このクラスは、ほんとにすごい。すぐによくなる。

面白いのは、毎時間のように、このようなことを言っても、「先生、また、同じことを言っている。」等と言う子はいないことだ。飽きもせず、よくなろうとする。

子どもだから、このような反応があるのか。実は、相手が先生の場合も、同じような言葉を言っている。すばらしい目をした先生がいると、「目に力がありますね。努力してそうしているのですか。」「えっ、努力していない。その目が地になっている。すばらしい。他にもすごい人がいます。おっと、今は、全員がすごい。今日の参加者はすばらしい。」あっという間に、驚くほどの知的な空気が生まれる。子どもも大人も同じなのだ。ほめられることはうれしい。自分に知が生まれるのはうれしいのだ。

さて、右の「おっ、ユカさんは……」の言葉。全部言うのに、おそらく一五秒くらいしかかかっていない。ユカさん、男子、タクオ君、班、全員、クラスと、テンポよく話題を変えている。これを一分もかけてやっていたら、「またか」となるだろう。大事なのは、

的を射た新鮮な賞賛の言葉が次々と出てくること。

である。右の「〇〇さんは目の力が……」の言葉も、語りの型は同じだが、先生に指摘される子や班は、毎度変わる。教師が発する人名や、班名は、毎回、新鮮である。新鮮な情報が変化を伴いながら、テンポよく登場するから子どもたちに喜ばれるのだろう。

実は、この言葉を言うとき、私は、声にも変化をつけているようだ。声の大小、そして、緩急もつけている。語尾も、「……ね」「……かな」「……だ」「……なる」など、変化させている。

このように、内容の工夫に加えて必要なのが、声の出し方の工夫だ。語りの際の発声で大事なのは、美しい声や大きな声や響きのある声ではない。

語りに必要なのは声に変化があること。

「おへそをこちらに向けなさい。」は、「おへそ」という意外なモノの提示が子どもたちの心を動かす。しかし、この言葉でも、話すタイミング、声の質感、そして、話す教師のまなざし、体の動きによって、その働き方は大きく変わってくるだろう。子どもの動きを見て、「おっ、すごい、あっという間にみんなこちらを見てくれました。」と一言入れれば、さらに変化がつく。語りにリズムが生まれる。「おへそを……」の指示の言葉も、直前の語りとは調子を変えるとよい。取りあえずは、ぐっと声を落として指示することをおすすめする。

9 個と全員に同時に対応する

授業の中で、全員を知的な状態にしたい。また、個別にも対応したい。このような教師の願いから、独創的な教師の動きが必然的に生まれてきた。大西忠治氏は、授業中に、個人と問答するときは、その個人へ四分、全員の方へ六分、体を開いて、いわば、「四分六の構え」で向かうとよいとされた(『授業つくり上達法』民衆社)。その個人の方ばかりに向くと、他の子たちは、「よそごとをする」ことになりかねないと言われた。個人に対応しているときこそ、他の子たちにもエネルギーを注げということだ。現場から生まれた見事な実践的技法に驚いた。

個別への対応は四分六の構えで行え。

大西氏は、板書も、「四分六の構え」で行えと言われる。自分の体を斜めに「四分六」に開いて、子どもから板書が見えるようにする。そのために、黒板の右側にいるときは、右足が前、左側にいるときは、左足が前で板書するのである。板書が見えない状態が続くと、「私語や手遊びが発生してくる」と氏は言われた。少しの知的空白から、「私語や手遊び」が発生するのは、中・高生でも同じなのだと思ったものだ。大西氏に学んだ「四分六の構え」を、いろいろな場で活用している。

例えば、漢字、作文など、個人で作業したものを教師に見せにくる場面でのこと。何も言わないと子どもはどうするか。必ず、教師が座っている机の前に立つ。一人立つと、教室の半分くらいが見えなくなる。三人並んで立つと、教師の前に壁ができる。他の子たちがほとんど見えなくなる。

教師に何か見せに来るときは教師の隣に来る。

これは個別指導の際の絶対原則として、必ず、そうさせる。これで、教師の前方は見通しがよくなる。いつでも全員を見ることができる。作文に目を通しながら、「あっ、今、〇〇君、どうした？」なんて声をかけたりする。子どもは、教師の隣に来ただけではいけない。練習した漢字を持ってきたとする。教師は、赤で〇をつける。そのとき、その子は、自分の漢字と、教師の赤ペンの両方を見なければいけない。これも絶対原則である。教師の前に立って見てもらうとき、実は、子どもは、漢字を見ていない。個別対応の場なのに、教師の知的指数一〇点満点の一〇、子どもの指数〇になりかねない。教師の隣に来て、自分の漢字と、教師の赤ペンを見て、教師の言葉を聞く。知的指数はぐっと高まる。「見てもらったあと、教師の前を通らない。」これも当然である。もう一つ大事なことがある。ノートを見せるときは、

「お願いします。」と言って先生を見る。

この約束をしておくと、教師は、まなざしを向けることを忘れないからだ。次々と早く見ていかないといけない。しかも、教師の体は全体に向かっている。「お願いします。」と子どもが言ってくれるから、頭を子どもの方へ向け、「はいっ。」と言って「まなざしの共有」ができる。これに一秒。赤ペン終了。「ありがとうございました。」と言う子どもと「まなざしの共有」をし「はいっ。」でまた一秒。濃密な個々との知的関係が生まれる。

10 言葉を子どもに確実に届ける

公立校時代の同僚Y先生の語りはすごかった。先生が子どもたちの前に立つと、それだけで二〇〇名の子どもたちのおしゃべりがさっと止まった。語りが始まると、教師も子どもも耳を傾けて聞き入ってしまう。学校園のピーマンが育ったというような話でも面白いのである。Y先生には、『Aさせたいなら B』はいらない。子ども集団に対して、面白くかつ説得力のある語りの型が先生の中に身体化されているのだから。どんなに真似しても、Y先生の域には及ばないことを承知で、練活（齋藤孝の著『天才がどんどん生まれてくる組織』（新潮社）から学んだ言葉）の技を取り出してみたいと考えた。

一つの話が聞く人の身体にしみこむまで、間を空けて待つ。

Y先生が一まとまりの話を語ったあとの間はとても長い。その長い間の間に、先生の話が聞き手にしみ入ってくる。子どもはもちろん、そこにいる我々大人までが、話に聞き入ってしまう。話が理解できるから子どもたちは満足できる。そして、さらに続く長い間で、今度は、先生が何を話すかと期待をこめて待つことになる。

そのY先生に、なぜ、間をあんなに空けるか聞いてみたことがある。そうしたら、「本当に話すことを考えている。」と言われた。その場で、次にくり出す言葉を、熟成させておられたのである。先生の子どもへの話も、ゆったりしている。ところが、電話のやりとりを聞いていると、ときにものすごい早口でしゃべられる。そんなときでも、話が耳に飛び込んでくるのは、やはり、一文終了したところで間は空けておられる。間のもつ力を発揮されている。

そのY先生に「岩下先生は、大勢の子に話をするとき、誰に向かって話をしますか。」と聞かれたことがある。私の話が、子どもたちに届いていないと暗に言ってくださったのかもしれない。私は、「全員に目をかけるようにして……。」等というようなことを言った。Y先生は、「ぼくは、最初、一番前の子に向かって話をします。」と言われた。

これを聞いて、Y先生の言葉がなぜ聞きやすく、耳に入りやすいか、その秘密の一端がわかった気がした。はじめに、誰か特定の子と話すことを意識されているのだ。近くの誰かと話すことで、その子との語りが始まる。そこに、生まれたのは、本物のまなざしであり、本物の表情である。おそらくY先生は、はじめに生まれた語りを大切にし、その調子で、全体に向けても語っていかれるのだろう。

誰か特定の一人とまなざしと言葉を交わすことで、対話する身体にする。

これが、Y先生から学んだ技である。私も、何度も試してみた。一番前の子に本気で声をかけ、本気で目をかけて、話をする。すると、教師の表情もよくなるのか、不思議なことに、クラス全体によい空気が流れる。一人の子に向けた対話的な身体を、今度は、他の一人、さらにもう一人というように、広げていけばよいのだ。

私にはとても真似できないと思っていたY先生も、やはり、語り方を意識されていることを知った。鍛錬されてここまでこられたのだろう。「一人へ語れずして、多くへは語れず。」ということだ。

二章

アクティブな授業の第一歩！音読指導の基本技

音読自体が身体を使ったアクティブな活動である。授業の中で音読を多用することで授業をアクティブにすることもできる。毎日、音読する場がある。どんな発声で読んでも何とか伝わってしまう。教師の自己流や癖のある音読も、子どもたちのモデルになってしまうからおそろしい。日本語の音読には理にかなった方法がある。私が到達した音読の仕方、指導法を紹介する。教師の音読が変われば、子どもたちの音読は劇的に変わる。音読が変われば授業も変わる。

1 文章の音読は一映像で一つの間

読点で、間を空けてはいけない。例えば、次の文章。

あるところに、おじいさんと、おばあさんが、すんでいました。おじいさんは、やまへしばかりに、おばあさんは、かわへせんたくにいきました。

現場でよくされているように、「読点一拍、句点二拍間を空ける」を実行したら、どうなるか。

あるところに、▼おじいさんと、▼おばあさんが、▼すんでいました。▼▼おじいさんは、▼やまへしばかりに、▼おばあさんは、▼かわへせんたくにいきました。（※▼で間を空ける。）

音がぶつぶつに切れ、「山へしばかりに行くおじいさん」「川へせんたくに行くおばあさん」の映像は浮かばない。

実は、右の「桃太郎」の文章に、句読点を打ったのは、私である。この文章がひらがなばかりでは読みにくいだろうと思い、読点を打った。

読点という名称が問題である。読みに関係があるのかと思ってしまう。読点は、文章を筆記するとき、読み手が視覚的に見て、読みやすいように打つのだ。ふつうは、音読されることまで想定して読点を打っていない。

一年生の教科書では、読点に加えて分かち書きがしてある。ひらがなばかりだと、どこまでが一つの言葉かわかりにくい。一年生が目で見て読みやすいようにと分かち書きにしてあるわけである。分かち書きで間を空けないのは、読点で間を空けないのと同じ理由である。
筆者は、内容を伝えたいと思っている。となると、内容をわかりやすく発信するための基本の読み方は、次のようになる。

一映像で一つの間。

一つの映像を喚起させたところで間を空け、その映像が収まったところで、次の読みへと入る。「映像」は、知覚全部を含んだ「イメージ」と表現する方が正しいのだが、「映像」の方が、子どもにはわかりやすい。「桃太郎」は、次のように読むべきである。

あるところに、おじいさんと、おばあさんが、すんでいました。▼▼おじいさんは、やまへしばかりに、▼おばあさんは、かわへせんたくにいきました。

これで、三つの映像が、くっきりと浮上するはずである。大事なことは、音読によって、文に書かれている情報が、イメージを伴い、聞き手に伝わることである。音読している本人にも、イメージが発生するような音読をすることである。

このような音読をしている教室は、一〇に一つもない。「読点一拍、句点二拍間を空ける」。こうした感覚は、教師を通して、そのまま子どもに伝わっていくからおそろしい。悪しき連鎖を断ち切ろう。

2 文節末や文末で力まない

文章の音読の際、読点で間を空けると、必然的に、読点の前の文節末の助詞「が、で、を、に、へ」などで力んだり、伸ばしたりすることになる。先生でも、「文節末力み」や「文節末伸ばし」が癖になっている方がいる。子どもたちも、先生の音読をモデルにして読むことになる。そんなクラスで一斉音読が始まると、教室中に、「……が、……で、……を」などの助詞ばかりが響きわたることになる。現場の先生方だけでなく、プロのアナウンサーやナレーターでも、文節末が気になる方がある。

文節末ばかりではない。文末も気になる。とくに、気になるのは敬体文。「……でした。」「……ました。」が連続する文章が多い。「……ました」「……でした」をあまりはっきり発声すると、そこばかりが耳につく。

文節末や文末の力みに対してなぜかくも違和感を抱いてしまうのか。

「文は、情報と述語からできている」という江副隆秀氏の言葉を知った（『日本語の助詞は二列』創拓社出版）。氏の言葉に出会ってから、文中の「情報」を意識するようになった。そんなとき、「文節末、文末を力むと、そちらに気がいってしまう。大事な情報がかすんでしまう」という言葉が浮かんだ。「腑に落ちた」感じがした。文節末や文末の力みから感じる違和感は、知りたい情報が伝わってこないことに起因していたようなのだ。

そう思って、テレビから流れるナレーターの声を聞いていると、中には、「ました」「でした」の部分をあえて落として、読んでいる方がある。そう読むことで、「情報部」をくっきりと浮上させていることがわかる。

文節末や文末で力まない。

先に示した、「ももたろう」冒頭の二文は、次のように読むのがよいということになる。

あるところに、おじいさんと、おばあさんが、すんでいました。▼▼おじいさんは、やまへしばかりに、▼おばあさんは、かわへせんたくにいきました。

このような音読法は、実は、日本語の言葉を語る際の基本型でもあると考える。一〇年ほど前に、NHK放送センターの方から音読の指導を受けたことがある。「日本語を語るときのイントネーションで文章も音読する。」そのとき、言われたことが、今、やっとわかるような気がしている。

音読ではなく、歌唱法でも気になることがある。秋川雅史の歌で大ヒットになった「千の風になって」。ご存じのように秋川雅史は、情報部も、文節末も関係なく、歌い上げる。文節末や文末などは、〝発声〟のための場として利用しているように感じる。対極にあるのは、五木ひろしなど歌謡曲歌手の「千の風」。文節末、文末の多くはさっと流してしまう。ものすごいのは、加藤登紀子。文節末や文末は、聞こえないほどである。各フレーズの冒頭の言葉を強調して、あとは、すっと抜いていく。情報部の扱いは、右に示した「ももたろう」の音読法に近いのかもしれない。日本語の歌として一番違和感なく聞けたのは菅原洋一の歌だ。訳詞とはいえ「千の風になって」の歌唱は、日本語の音読、発声を考える上で大変に興味深い。

3 発声の決め手はハラとタメ

音読の講座などでは、金子みすゞの「わらい」からスタートすることが多い。まず、タイトルの「わらい」を発声してもらう。

① **「わあ・らあ・いー」**　② **「わらぃ」**

①は、「wa」「ra」「i」の三つの音がバラバラに出てしまう読み。②は、息の吐き出しとともに、「わらい」という「映像＝意味」を言葉で示すような読み。①が何の準備もなく口先で「読み上げる」のに対し、②は、息の吐き出しとともに「読み下ろす」形。どう発声しようか、ハラ（腹）をどう使おうか。準備の時間が一瞬生まれる。それが「タメ（溜）」になり、息を吐き出すことができる。はっきりと「わ」からスタートして、最後は、「い」の音が少し落ちる形となる。すると、「笑い」というイメージが浮上する。

ハラを使いタメを入れて発声する。

作者名「金子みすゞ」も同じである。

① **「か・ね・こ・み・す・ず」**でなく

② **「かねこみすず」**

この②の発声法は、すべての日本語の基本的な発声法ではないだろうか。

「◁ペン」（※◁…タメ）

「◁つくえ」
「◁えんぴつ」
「◁らんどせる」

等と続けて、音読していくと、「タメ」る際の身体の感覚が身につきやすい。「芯」のある声となる。

あいさつで考えてみる。

①「お・は・よ・う・ご・ざ・い・ま・す」
②「おはようございます」

①は、いかにも一年生の教室から聞こえてきそうな声である。一年生だから、ゆっくり読まないと理解できないという思い込みから生まれた「神話」の発声である。音は出ているけど、「おはよう」という大事な情報部分は浮上しない。①と②の両方で発声してみる。すると、一年生でも、②で発声できるようになる。

言葉の発声の際には、「高く」出ることも意識したい。例えば、「おはようございます。」を低いところから発声すると、語尾が「ご・ざ・い・ま・す。」となったり、力みが出たりする。最初の「お」を若干高く出せば、情報部「おはよう」もはっきりする。語尾の「……ます」は低く小さく収まる。

次のように言うと、わかりやすいようである。

スマートフォンの音声検索で、絶対、読み取らせるように声を出しましょう。

自然に、ハラとタメを使って発声することになるようだ。

4

詩歌の音読は二拍子でリズミカルに

立命館小学校では、朝のモジュールタイムを設け、音読をしていた。主に、詩歌の音読をしていた。公立校時代は、国語の授業の冒頭にしていた。音読指導四〇年から得た結論は、簡単なこと。

詩歌の音読は二拍子で読む。

1	2	1	2
それは・	きれいな	ばらいろ	で・・・
けしつぶ	よりか・	ちいさく	て・・・
こぼれて	つちに・	おちたと	き・・・
ぱっと・	はなびが	はじける	ように・
おおきな	はなが・	ひらくの	よ・・・

〔｜はわかりやすいように付けた。実際には、続けて読む。「・」は短い間となる。拍がわかりやすいよう、全文ひらがなで表記した。２連は略〕

金子みすゞ「わらい」１連『わたしと小鳥とすずと——金子みすゞ童謡集』（ＪＵＬＡ出版局）

「わらい」の本文の音読。上に示すように、１・２・１・２と拍をとりながら音読していく。「それはきれいなばらいろで」と、教師は両手を少し上下しながら二分の二拍子で読んでいく。「けしつぶよりかちいさくて」では、人指し指と親指でけしつぶより小さいつぶを作る。声も低くおさえる。「ぱっと花火が」では、両手で花火が開き、「おおきな花がひらくのよ」では、両腕を開き大きな花を作る。「まるで指揮者ですね」と言われる。自然に体が動いてしまう。体を動かした方がどこにも、力みが出ない。

以前から、音読や歌唱と身体の動きについて関心はあった。立命館小学校へ赴任して一年目。音読する子どもたちの反応に驚いた。音読しながら、身体を見事にリズミカルに動かす子たちに出会ったのだ。その子たちの姿は、あっという間に、クラス全体に広がった。意識して広げたといっていいかもしれない。従来私が考えていた音読とも朗読とも違う言葉による創造の場が生まれた。子どもたちのその音読をさらに高めようと、音楽性と意味性を兼ね備えた教材を集めていった。口語体の詩歌、文語体の古典、漢詩や論語の読み下し文まで、二〇〇以上の音読教材を蒐集している。

月夜の電信柱　宮沢賢治

1―2―3―4

pp ドッテテ―ドッテテ―ドッテテ―ド・・・
pp でんしん―ばしらの―ぐんたい―は・・・
p はやさ・―せかいに―たぐいなし―・・・

mp ドッテテ―ドッテテ―ドッテテ―ド・・・
mf でんしん―ばしらの―ぐんたい―は・・・
mf きりつ・―せかいに―ならびなし―・・・

f ドッテテ―ドッテテ―ドッテテ―ド・・・
f でんしん―ばしらの―ぐんたい―の・・・
ff その名・―せかいに―とどろけり―・・・

その中から、「月夜の電信柱」を紹介する。賢治の同名の童話の中で、電信柱たちが、行進しながら歌う歌だ。詩の中に、音楽の強弱記号をつけてみた。子どもに示す教材には、記号はいらないだろう。1連を読む前に、「電信柱は、五〇メートルくらい離れたところにいます。」と言い、教師が「ドッテテ……」とささやくように読む。子どももそれに合わせて読む。2連は、「二〇メートルまで近づいてきました。」と言う。教師の声も、子どもの声も大きくなる。3連の前は、「今、すぐ目の前です。」と指示。教室を圧するような*ff*の声が教室に響きわたる。遠くにいた電信柱の軍隊が次第に近づき、目の前を最大の声で通過するところで終了。音楽でいう「クレッシェンド」で音読していくわけだ。

5 俳句・短歌も二拍子で

俳句を音読すると、見事なリズムが生まれる。五七調だからそうなるのだが、実は、五音、七音の音数がリズムをつくるのではない。五音のあとの三つの休符、七音のあとの一つの休符が入ることにより、八音×3でリズミカルに読むことができる。

読みがわかりやすいように、次のように、俳句を三行で表示してみた。

正岡子規　　　　１２３４５６７８

若あゆの　　　　**わかあゆの・・・**

二手になりて　　**ふたてになりて・**

のぼりけり　　　**のぼりけり・・・**

「わかあゆの」で五音、そのあとに三つの無声音（休符）によって、タメが入り「ふたてになりて」と調子よく読みが続いていくのである。

では、次の句のように、字余りの句はどうなるか。

声に出してみてほしい。

山口素堂　　１２３４５６７８　　**高浜虚子**　　１２３４５６７８

目には青葉　めには・あおば・
山ほととぎす　やまほととぎす・
初がつお　はつがつお・・・

わが庵は　わがいおは・・・
大文字山の　だいもんじやまの
落葉かな　おちばかな・・・

素堂の句は、「めにはあおば」が六音、虚子の句は「だいもんじやまの」が八音の字余りである。が、まったく違和感なく読むことができる。やはり、八音が決め手なのである。

短歌も同じである。

正岡子規　12345678
くれなゐの　くれないの・・・
二尺のびたる　にじゃくのびたる・
薔薇の芽の　ばらのめの・・・
針やはらかに　はりやわらかに・
春雨の降る　はるさめのふる・

与謝野晶子　12345678
夏のかぜ　なつのかぜ・・・
山よりきたり　やまよりきたり・
三百の　さんびゃくの・・・
牧の若馬　まきのわかうま・
耳ふかれけり　みみふかれけり・

短歌の場合も、やはり八音がベースにある。「八音×5」でリズムが生まれていくというわけである。百人一首の読みのような語尾を伸ばしたような文語調の読みでなく、リズミカルに歯切れよく読んでいきたい。

三章

発問・指示が決め手！文学の読解授業をアクティブにする基本技

文学の読解授業では、言葉の検討を通し、イメージを喚起しながら作品を認識する力を育てたい。作品を批評的にとらえる力も育てたい。このような文学の授業をアクティブにするために絶対欠かせないのが、発問・指示である。発問・指示を機能させる片々の技である。ここに紹介したのは、アクティブな授業成立に向けて、その突破口を切り拓く基本技である。

1 ナンバリングで読解授業が変わる

文章の段落に番号をつける。ただこれだけのことで、読解の授業が変わった。三〇代の半ばだった。

段落に番号がふってあれば、「主人公の心が一番変化したのは、何段落ですか?」と問いかけることができる。「それは○○段落に書いてありますよ。」と指示・助言したりできる。

話し合いの中で、子どもたちも「○○段落を見てください。」と発言したりすることができる。

段落につけた番号によって言葉の検討がしやすくなる。読解授業にテンポが生まれる。

もし、段落番号がなければ、「一三ページの六行目に○○と書いてあります……。」と言うことになる。それに対して、「いや、一四ページの後ろから三行目を見てください。」等とやることになる。まるで笑い話である。これでは、授業は流れない。ところが、この番号つけが、現場では、教師の常識になっていないようである。

新しい教材に入ったら、段落への番号つけを一斉にさせる。

「段落に番号をつけます。」

「一〇〇ページ。『秋の終わりの』が一段落。」「『村の一本道』が二段落。」「次のページ、後ろから五行目、『かた足』が三段落。」と、こんな調子で、テンポよく番号を示していく。

子どもがギリギリ追いつけるような速さで指示していく。

子どもたちは、懸命に、指示を聞こうとする。ときどき、「先生の速さについてこれている」かどうか確認する。「迷子になっているところは、あとで教えます。今は、次に言うところから、番号をつけてください。」こう言ってやることにより、再び、先生の指示による一斉の番号つけ作業が開始できる。単に番号をつけるだけのことなのに、子どもたちは燃える。次の授業に向けて準備しているのだという微細な知的空気が生まれる。この空気を利用しない手はない。知的な空気のなか、音読などの、次の作業へと入っていくことができる。

段落以外にも、ナンバリングをよくする。例えば、「スイミー」（光村二年）の中に、次のような表現がある。左記のように、改行されていた。そこで、①②③とナンバリングさせて、次の問いを投げかけた。『①、②、③の中で、仲間外れは何番ですか。』賛成者が、一番多いのが③である。「③だけは、カタカナがある。」「③だけは、ミサイルみたいにというたとえがある。」続いて、①に賛成「①だけは、まぐろのことが書かれている。」「②と③は、はやさのことだけど、①だけは、つっこんできた理由が書いてある。」「①だけは、読点がある。」どの意見も、「なるほど」である。ナンバリングのおかげで、こんな読解の授業もできるのである。

……おそろしいまぐろが、
①おなかをすかせて、
②すごいはやさで
③ミサイルみたいに
　つっこんできた。

2 二つに分けることでアクティブな読解作業に

どの物語教材でも、必ず面白い読解の話し合いが生まれる発問・指示がある。四月当初の読解の授業におすすめ。子どもたちの読解力に差があってもいい。国語の授業が嫌いと叫ぶ子がいればなおさらである。この授業で一気に好きにさせることができる。

発問　この話を二つに分けるとすると、何段落の前で分けられますか。
指示　ノートに（　）段落の前と書いて持ってきてください。

子どもたちがノートに段落番号を書いて持ってくる。子どもたちからは、多様な考えが出される。「おお、君は、Aさんと同じだ。Aさんのところへ行ってください。」「あなたは、Bさんのところです。」同じ考えの子どうしで集まらせグループをつくらせる。次のような指示が効果的である。

指示　一重の輪で座ってください。

五つ、六つとグループが増えていく。同じ意見の人数が増えたら、「第一グループ」「第二グループ」というようにしておく。一人しかいない場合は、「一人でがんばってください。」と励ましてやる。教室の中に、まるで、砦のような固まりができる。

新美南吉の「あめ玉」（光村五年）をしたときには、次の五つのグループに分かれた。

③　舟が岸をはなれたところ　⑧　あめ玉をちょうだいと言ったところ

⑪　さむらいが目をさましたところ　⑭　さむらいが刀をぬいたところ
⑰　さむらいがあめ玉をわったところ（丸付き数字は段落番号を示す）

グループ内で検討させ、他のグループの考えをつぶすようにさせる。真っ先につぶれたのは③。「まだ何も事件が起こっていない」という理由から。しかし、舟の場所を観点にすると、①②は川岸、③以降は岸を離れた川の中。③にも一理ある。⑧で初めてあめ玉が登場。あめ玉という物の有無を観点とすると、確かに分かれる。しかし、事件はまだ起こっていないということでつぶれる。⑪もつぶれる。初めはさむらいは起きていたのだから。つぶされた子たちは、ただちに、他のグループへ移動。この光景が面白い。「こっちに来て。」というお誘いがかかる。教室の空気が和む。

残ったのは⑭と⑰。⑭の賛成者は、「ここからこの話は緊張した空気になる。」「母親があせる。」と主張。ここから話が変わるというのである。面白い考えであると賞賛。⑰の賛成者は、「これで母親はほっとする。安心する。」と言う。母親の心情が変わるというのである。そこで、次のような説明をして終了。

説明　物語の大半は、主人公の心情が何かのきっかけで変化するように書かれています。物語の中の人間の心に共感したり、驚かされたりします。主人公の心の変化という観点で見ると⑰の前ですね。

まるでゲームを楽しむように活動した子どもたち。最後に物語の基本形を学ぶと、一気に知的な表情が生まれる。

3 物語の要約は「ビフォア&アフター」

すべての物語教材でぜひさせたいのが全文要約。全文要約ができれば、その物語の軸を理解したと言える。物語の要約方法の定番は、「○○が……によって……になった話。」とまとめる方法である。私は、この方法を発展させ、次の方法で要約させている。

①「……（before……）だった○○が、……（きっかけ）……によって、……（after）……になった話。」と一文で書く。
②要約文は、字数を～字から～字と限定する。※漢字、句読点も一字と数える。
③要約の中に必ず入れる言葉を指定する。

ある劇的な事件や出来事をきっかけに、主人公の心情・行動・人物像がどう変化したかをまとめさせるのである。重視したいのは、その事件や出来事が起きる前の心情・行動・人物像も筆記させることである。before を明記することで、after も対比的に筆記しやすくなる。

まず最初に、教師が要約をしてみる。先に紹介した「あめ玉」の場合は、次のようになる。

> 子どもがさむらいに刀で切られるときょうふに青ざめた母親が刀はあめ玉を切るためのものであることを知ったことにより安心し、さむらいに感謝し、さむらいへの見方を見直す話。（八二字）

書いてみると、要約文に入れたい言葉が確定してくる。「母親」「さむらい」「刀」「あめ玉」「きょうふ」「安心」「感謝」である。この話では、事件後の母親の心情がまったく書かれていない。この場面を授業したときに、話題にして「安心」「感謝」という言葉を引き出しておく。「安心」と対比的な言葉として、「きょうふ」という言葉も引き出しておく。右の要約文をさらにぎりぎりまで削ってみる。

子どもが刀で切られるときょうふに青ざめた母親があめ玉を刀で切ってもらい安心し、さむらいに感謝する話。（五〇字）

作品の要約字数を「四〇字～七〇字」と、子どもたちに示すことにする。

子どもたちが書いた要約から二点選び、板書し、クラス全体で両者の是非を述べあい、添削する。その添削作業には、もちろん、教師も関わる。その際、教師が書いておいた要約文が役に立つということになる。

「海の命」（六年）の場合は、次のように指示した。

〇中に入れる言葉。「太一」「父」「与吉」「クエ」「村一番の漁師」「海の命」「家族」

〇字数八〇字～一一〇字

Tさんが自力でまとめた要約文を紹介する。「家族」をうまく挿入していることがわかる。

父を殺したクエをたおすために与吉じいさに弟子入りして村一番の漁師になった太一が、父の死んだ瀬にもぐり、クエを見つけても殺さなかったことにより、海の命の大切に気づき、家族を大切にするようになった話。（九八字）

4 「時」の問いで読解スタート

物語の読解では、まず「時」を話題にしよう。途中で、「時」が変わったら、それを話題にしよう。「時」を常に意識して読んでいくのである。時といっても、「時代」「年」「季節」「一日のうちのいつ？～朝か昼か夜か」等、すべて話題にする。「一つの花」（四年）の1の場面では、次のように問う。

発問　この話は、何年のことでしょうか。

「えっー。」と戸惑う子どもたち。「戦争」の時代であることはわかる。しかし、どこを見ても「年」は書いてない。「実は、1の場面のある言葉によって、年が特定できるのです。」とゆさぶる。すると、「毎日、てきの飛行機が飛んできて、ばくだんを落としていきました。」「町は、次々にやかれて、……た。」という表現に目を向ける子が出る。出なければ紹介する。アメリカ軍による日本への空襲が本格化したのは昭和一九年だが、「毎日、……ばくだんを落として」という状況は、間違いなく昭和二〇年のことである。その年、八月に戦争が終わるまで続いたことを紹介する。2の場面で、お父さんが出征したのは、戦争末期の昭和二〇年。3の場面は、その「一〇年後」となるわけである。

「一つの花」を読む上で、これくらいの知識は必要であろう。

「海の命」（六年）の次の問いは、全授業の後半でよいだろう。

発問　この話は、何年間にわたる話でしょう。

この問いは、何年間を特定するものでない。よく見ると、何と太一の一生涯のことを振り返って書かれていることに気づかせたいのである。

この問いは、「大造じいさんとガン」（五年）にも使える。三年間にわたる話であることがわかる。

発問　季節はいつですか。

「三年とうげ」（三年）、「ごんぎつね」（四年）は秋。「やまなし」（六年）は、五月と一二月だから初夏と初冬。「ふきのとう」（二年）は、冬の終わりから春の初め。「初雪のふる日」（四年）は、秋の終わり。一年生の最初の物語教材である「はなのみち」は、冬から春へと季節が変わる（いずれも光村図書）。

「一日のうちのいつか」もよく問う。「ごんぎつね」２の場面の冒頭、ごんが兵十の家に来るところで問う。

発問　一日のうちのいつ頃のことでしょう。

「書いてない……。」と子ども。でも、すぐに気づく子が出る。２の場面の半ばに、「お昼がすぎると、ごんは村の墓地……」とある。つまり、村へ来たのは、午前中であることがわかる。

「やまなし」。「日光の黄金」が水の中に降ってくる「五月」の場面は昼。「ラムネのびんの月光」が登場する「十二月」は、明らかに夜である。

何度も、しつこく「時」を確認させよう。「時」の検討は、必ず知的な言語活動を生み出す。

5 「場所」も外せない検討課題

「時」に続けて、「場所」を検討させる。「場所」の書かれていない物語はない。読者も、その物語の場所が知りたいのは、「時」を知りたいのと同じだ。
物語の場所が、ほとんど変わらない場合は、全文音読のあと、「この話が語られている場所はどこですか。」と問えばよい。「たぬきの糸車」（光村一年）の場合だと、「山おく」の「一けんや」。「やまなし」（光村六年）では、「谷川の底」となる。
場所が多様に示される物語では、その都度、場所を明らかにしていく。
例えば、「ごんぎつね」（四年）の1の場面の冒頭。

発問　ごんはどこに住んでいますか。
指示　できるだけ短い言葉で言ってください。

「あなの中」と答える子が出る。「もっと短く。漢字にすれば一字。」等と助言してもよい。「あな」である。

指示　それでは、それがどんな「あな」なのかを、文章の言葉を使ってできるだけ詳しく説明してください。最後は、「……あな。」です。五〇字以上です。

「えっ、五〇字もー。」と子どもたち。子どもたちは、言葉と格闘することになる。子どもたちの発言をつないで、まとめていく。最終的には、次の形になる。

「わたしたちの村の近くの、中山から少しはなれた山の中のしだのいっぱいしげった森の中で、ごんぎつねがほったあな。」（五四字）

このあとも、1の場面は、「場所」を確認していく。

（誰が、何が）どこで、どこへ、どこに、どこを、どこから。

次のようになる。ごんは、「ほらあな」を出て、「村の小川のつつみ」「ぬかるみ道」と移動する。「川の中」の兵十を見つけて、「草の深い所」へ歩く。兵十が「川上の方」へかけていったあと、「びくのそば」へかけつけ、「下手の川の中」へ魚をにがす。兵十に「向こう」からどなられにげだし、「はんの木」の下から「ほらあな」へとにげ、「あなの外の草の葉の上」にうなぎをのせる。このように、出てくる場所を特定することによって、1の場面の形象化（イメージ化）が可能となる。これらの場所は、すべて、文章中に書いてある。

2の場面では、ごんは、「弥助と新兵衛のうちのうら」「兵十のうちの前」「村の墓地の六地蔵さんのかげ」「あなの中」へと移動する。

ここでは、「場所」に着目し、次の発問をしたい。おすすめである。

発問　兵十のうちだけ、なぜ「うちの前へ」来たと書いているのでしょう。

「答え」は2の場面の文章中にある。「答え」は、本書の18ページを読んでいただきたい。

6 「登場人物」の検討は何度でも行う

登場人物など当たり前のことなので、授業できないのではと思われるかもしれないが、まったく心配はいらない。どの作品でしても面白い授業になる。登場人物とは何か。正しく理解できている子は少ない。

登場人物の検討は、発問でなく、次の指示で行うとよい。

指示　この物語の登場人物をすべてノートに書きなさい。

「この物語に登場する登場人物は誰でしょう?」等と発問すると、もたもたした感じがする。右の指示は、発問を内包している。「三分です。」等と、作業時間を指示しておくとよい。

教師は机間指導して、書かれているものすべてを板書する。

子どもが作業している間に、板書を始めてしまう手もある。よい刺激になる。

「きつつきの商売」(光村三年)の場合は、次の九点が出た。出なければこっそりもぐりこませておく手もある。

①きつつき　②野うさぎ　③野ねずみの家族　④母さん野ねずみ　⑤野ねずみのお父さん
⑥野ねずみのおくさん　⑦子ねずみたち　⑧かたつむり　⑨あまがえる

意見を言わせる。⑧かたつむり、⑨あまがえるに反対が出る。この二つは、ねずみたちの会話の中で登場しているだけで、本場面では登場していないからである。④の「母さん野ねずみ」は⑥の「野ねずみのおくさん」と同じであること。③の「野ねずみの家族」は、結局、お父さん、お母さん、一〇人の子どもたちであることを確認していく。ここで、登場人物とは何かを説明する。

登場人物とは、その物語に登場するすべての人間のほか、人間のように考えたり行動したりするように作者が設定し、登場させた動植物や物など。※すべてのものを登場人物として物語を作ることができる。

「ふきのとう」（光村二年）は、登場人物の指導には格好の教材。「竹のはっぱ」「ふきのとう」「雪」「竹やぶ」「お日さま」「はるかぜ」。登場するすべてのものが生き生きと話をする。

「一つの花」（四年）。ゆみ子のお父さんが出征する場面。駅に「他にも戦争に行く人」があり「人ごみ」がある。「登場人物ではなくもの」として扱ったという授業に出会った。確かに、明確な思考や行動が明記されていない。が、ほんの一瞬でも、その場に登場した人間は、「登場人物」ととらえるのが常識であろう。「スーホの白い馬」（光村二年）に出てくる「とのさまの家来たち」も同様である。

問題なのは、「大造じいさんとガン」（五年）の残雪である。最後まで、「人物」でなく、「鳥」として描かれている。ところが、「小さな小屋をみとめました。」など、三カ所で、残雪の知覚、感情が書かれている。となると、「人物」となる。しかし、残雪は「人物」ではなく「鳥として登場」しているととらえたい。残雪の行動を見て、話者が知覚、心情を想像したと考えたい。

7 「ものがたり」は「もの」が大事である

物語とは何か。『広辞苑』（岩波書店）には、「作者の見聞または想像を基礎とし、人物・事件について叙述した散文の文学作品。」とある。なぜ、「ものがたり」というのだろう。

私は、「もの」を登場させ、その「もの」と人との関わり方（＝こと）を語って、最終的には心情＝コトを語っているのではとこじつけてみた。念のため、「ことがたり」という言葉を調べてみた。すると、古事記には、「ことがたり」という表現があり、古代の人は、「ものがたり」と「ことがたり」を区別していたらしいとあった（荒木博之『やまとことばの人類学』朝日選書）。

登場人物を特定したあとは、人以外の「もの」に着目させる。例えば次のような発問をする（「ごんぎつね」（四年）２の場面）。

発問　六地蔵のかげにかくれていたごんが、最初に見た「もの」は何でしょう。
指示　ずばり、できるだけ短く答えてください。

「屋根がわら」である。「かわら」という子がいたら、「すばらしい」とほめてやりたい。これも、できるだけ詳しく説明させる。「遠く向こうで光っているおしろの屋根がわら」。

発問　次に見たものは何ですか。

「赤いきれのようにさき続けているひがん花」である。

発問　次は見たものでなく、聞こえてきたものですね。

「村の方からカーン、カーンと鳴ってきたそうしきの出る合図のかね」である。そのあと、「そうれつの者たち」という「もの」が見え、そして、今度は、音という「もの」でなく、声という「もの」が聞こえる。

発問　不思議ですね。そうしきのれつの中から声が聞こえるなんて。おかしくありませんか。

これは、書かれていない。想像力を発揮させる。「お経の声」「泣き声」「なぜお亡くなりになったのだろうという話し声」「兵十さんもかわいそうにという話し声」などが出る。

「もの」に付随した色という「もの」を問うこともする。例えば、

発問　ほらあなに戻って考えているごんの中に、一番浮かんだ色は、何色でしょう。

白と赤が出る。何の色かを聞く。「白は、そうれつの着物、兵十のかみしも」が出る。「赤は、ふみおられたひがん花の赤、赤いさつまいもみたいでない兵十の顔」が出る。

「もの」は、はっきり特定できるから、全員が授業に参加できる。授業が面白くなる。その検討をとおして、人物の心情、人柄、人物像という「こと」が浮上する。物語の面白さである。

8 「気持ち」は問わないと心がける

気持ちを問うのは「肉で出来た言葉で肉を切ろうとするようなものである。」(『読み書きにおける論理的思考』明治図書)。宇佐美寛氏の名言である。

「気持ち」という言葉は、あまりにも日常的に使われすぎている。「気持ち」というと、「うれしい」「楽しい」「ざんねん」「悲しい」という言葉が、反射的に浮かぶ。「気持ちは？」と聞いたとたん、日常の自分たちの生活が浮上してしまう。書かれた文章から離れてしまう。

「ごんぎつね」(四年)の最後の場面。兵十はごんを撃ったあと、火なわじゅうをばたりと取り落としてしまう。

「このとき、兵十はどんな気持ちだったのでしょう。」と問いかけたとする。文章中に「気持ち」は書いてない。「悲しい気持ち。」「うってはいけなかったという気持ち。」「しまったという気持ち。」などが出る。「後悔」という言葉を出す子もいるかもしれない。それらの発言が出たところで、「そうだよなあー。当然だよねー。」で終わる。吹き出しに書かせても、頭の中はあまり変わらない。

では、気持ちを心情に置き換えたらどうか。

「このときの兵十の心情はどうだったのだろう。」

四年生にとって、心情という言葉の方が、新鮮ではある。兵十の心のあり方を多少は、客観的に探ろうという気にはなる。

しかし、文章中に大事な一文がある。

「青いけむりが、まだつつ口から細く出ていました。」である。
けむりの色は本来は白であることを述べたあと、次のように問う。

発問　青いけむりは、兵十の心情を表しているように思います。どんな心情を表しているのでしょう。

この発問では、「心情」がぴたりと合う。「悲しみ」「後悔」「あきらめ」「絶望」等が出てくるであろう。面白いもので、「悲しみ」や「後悔」等でも、このような形で言葉化されると、みごとに兵十の心情が浮上するものだ。「悲哀」「悲嘆」という言葉を紹介してもよい。青は「自制と自立」を象徴することを、教師は知っておくとよい。

発問　実は、この青いけむりは、ごんの心情も表していると思います。どんな心情でしょう。

「絶望」「悲しみ」「悲嘆」等が出るだろう。
青には、「あきらめ」を乗り越えた「やすらぎ」とか「平安」とかという意味もあることを述べる。南吉オリジナルの「ごんぎつね」（権狐）では、撃たれたごんは、「うれしくなりました」とある。南吉作では、青いけむりは、ごんの「やすらぎ」「平安」も象徴していると考える。
先に、「ものがたり」は、「もの」で登場人物の「心情・人柄・人物像＝こと」を語っていると述べた。ここでは、「青いけむり」というものが、兵十とごんの「心情＝こと」を表現しているのである。
気持ちを問わず読者が知覚した「もの」を明らかにしていく。

9 「不思議ですねえ」からスタートする

私の読解の授業は、「不思議ですねえ。」からスタートすることが多い。

「一つの花」(四年)は、その連発であった。次の発問もそうだ。お父さんが、駅のプラットホームで、軍歌に合わせて、小さくばんざいをしていたり、歌を歌っていたりするところだ。

発問　不思議ですね。ばんざいって、普通手を大きくあげますね。ところが、「小さくばんざいをして」と書いてありますね。なぜ、お父さんは小さくばんざいをしたのでしょう。

「本当は、戦争に行きたくないから。」

『ばんざいをしなけりゃいいと思うのだけど。』

「ばんざいをしないと、まわりの人に変な目で見られるから。」

実は、これは、先生方を相手に模擬授業したときの先生方の意見だ。子どもは、「ゆみ子を喜ばせようとして。」と答えた。

『まったく違う理由はないでしょうか。小さくばんざいした理由は?』

実は、あるのである。「お父さんは、……ゆみ子をだいて、……」と書いてあるのである。抱いていたら、小さくしかばんざいはできないのである。「ゆみ子をだいて」が読み取りからスルリと抜け落ちてしまっているのである。そのあとの「戦争になんか行く人ではないかのように」という表現と「小さくばんざい」がつながってしまうのだ。その分、ゆみ子を抱いているお父さんの姿が浮かんでいないということだ。ここで、次の発問をした。

発問　なぜ、お父さんは、駅のプラットホームで、ゆみ子をだっこしたのでしょうか。

別れの最後に、だっこされるという行為は、子どもたちも経験しているはずである。スキンシップは、相手に対する最高の愛情の表現であることを述べてもいい。

そして、「みんなおやりよ、母さん。おにぎりを――。」というお父さんの一言に着目して、

発問　不思議ですね。ずっといっしょにいたお父さんですから、おにぎりがなくなったこと、わかっているはずなのにね。なぜ、気づかなかったのでしょうね。

この発問に対しても、少し話し合ううちに、子どもたちからは、すぐに出る。

「お父さんは、戦争に行くことを考えていたので……。」

「自分が戦争に行ったら、ゆみ子たちはどうなるだろうと考えていたので……。」

おにぎりの件のことは、見えなかったのである。「何かを考えていたので、近くで起こったことに気づかなかった体験」も語ってくれる。「眼中にない」という言葉も教えることができる。

不思議である。先生方への模擬授業だと、このお父さんの心情がなかなか出ない。「本当は知っていた」とか「ゆみ子を喜ばせようとした」とかの解釈や説明が出てきたりする。

10 人柄・人物像はネーミング方式で

「白いぼうし」（四年）では、運転手の松井さんの人柄が確かによく出ている。というと、会話や行動が書いてある言葉を見つけ、「どんな人柄でしょう。」と問うことになる。「しんせつ」「やさしい」「おもいやりのある」等と出てきそうだ。私は、次のように指示した。各場面の検討を全部終えたあとの授業においてである。

発問　松井さんってどんな運転手さんでしょう。
指示　○○運転手とノートに書きましょう。教科書を見て、三つ以上書きましょう。

三つ書くというのがみそである。子どもたちは、教科書を初めから見直すことになる。五分後、発表させた。

①ゆかいな運転手　②やさしい運転手　③心がおだやかな運転手　④話しずきな運転手
⑤人とすぐなかよくなる運転手　⑥想像力のある運転手　⑦想像豊かな運転手　⑧思いつきのよい運転手　⑨発想が早い運転手　⑩相手のことを考えて必要なことをやる運転手
⑪きちょうめんな運転手　⑫責任をとる運転手

「ごんぎつね」（四年）２の場面は、ごんがどんなきつねなのか、心情、性格、知識等が複合的に描かれている。つまり、人物像が描かれている。次のような発問・指示をする。

発問　2の場面は、ごんの行動や考えがしっかり書かれています。どんなきつねであるかよくわかります。ごんはどんなきつねと言えるでしょうか。
指示　「昼間のごん」と、「夜のごん」に分けて、それぞれ、「○○ぎつね」と名づけてください。できるだけいろんな「○○ぎつね」をノートに書いてください。

村の中から墓地のことが書かれている昼と、ほらあなに戻った夜のことに分かれていることを確認してから、この発問・指示で授業する。見事に、「人物像」が浮上してきた。

前半…村へやってくるところ
○好奇心ぎつね
○興味しんしんぎつね
○たんていぎつね
○村のことよく知っているきつね
○知りたがりぎつね
○人間ずきぎつね

後半…ほら穴のなかで
○想像ぎつね
○考えすぎぎつね
○後悔ぎつね
○反省ぎつね
○悲しみぎつね

この手法は、「お手紙」（二年）～「○○がえる」、「スーホの白い馬」（光村二年）～「○○とのさま」等でも、活用できる。

11 主人公の心が一番大きく変化した段落を問う

物語の授業の定番発問である。

発問　主人公の心が一番大きく変化したのは、何段落ですか。

物語の大半は、主人公の心の変化が書かれている。主人公の心情の変化を読み、共感したり、学んだりできる。自分の生き方の指針にすることができる。ズバリ何段落かと問う。

「大造じいさんとガン」（五年）では、場面3の後半で、この発問を出す。ノートに段落番号を書かせた。それを全部、板書。以下のようになった。

・五七段落　大造じいさんは、ぐっとじゅうをかたに当て……。
・五八段落　残雪の目には、人間もハヤブサもありません……。
・六四段落　残雪は、むねの辺りをくれないにそめて、……。
・六五段落　それは、鳥とはいえ、いかにも頭領……。
・六六段落　大造じいさんが手をのばしても……。
・六七段落　大造じいさんは、強く心を打たれて、ただの鳥に対して……。

反対の意見を先に言わせる。すると、五七は、「残雪が何するか見てやろうと思っただけ。」という意見が出て×。五八と六四は、「じいさんでなく残雪の心が書いてある。」という意見で×。六五は、「鳥の頭領として堂々と思っているだけ。」という意見で×。六六賛成派は、「残雪の行動を見て、いげんをきずつけまいと思うじいさんの心に変わっている。」と主張。六七賛成派は、「強く心を打たれて」と書かれている。」と主張。最後に、意見を書かせた。六六賛成派と六七賛成派から二人の文章を記す。


〈六六段落に賛成〉確かに、六七段落は、残雪の心が言葉となり、整理がついている。心の変化がわかりやすく表されている。また、残雪に尊敬の心をいだいていることがわかる。しかし、私は、六六段落に賛成である。

　なぜなら、残雪の行動が書かれている。心が変化するのは、たいていの場合行動を見たときである。六七段落には、言葉しか書いてない。心が変わった瞬間は六六段落にある。六七段落は、大造じいさんの心情をまとめて書いただけである。

〈六七段落に賛成〉確かに、六六段落も少し心が変わっている。残雪の行動が書いてある。また、「頭領としてのいげんをきずつけまいと努力しているようで」で、じいさんが、「あっ」と気づいたと思う。それは心の瞬間かもしれない。私も、そのことに対しては賛成だ。しかし、私は、六七段落に賛成だ。

　なぜなら、「強く心を打たれて」とはっきり心の様子が書かれているからだ。また、「ただの鳥に対しているような気がしません」も、ただの鳥ではなく、特別な尊敬できる鳥に対しているように思ったのだろう。つまり、六六段落で気づき、六七段落で言葉に表したということだ。私は、六七段落でよく理解したので、賛成だ。

12 困ったときは対比的な発問・指示で突破

私は、「対比」を大胆に導入している。
そのとき、四年生の冒頭の教材は、「三つのお願い」（光村）だった。「何かのきっかけで主人公の心情が変化する」といった物語の典型教材ではない。学年初めの読解の授業である。何としても、発見的・対話的な面白い授業をしたいと思った。そこで、考えた発問は、「同じ物語でも、『モチモチの木』（光村三年の最後の物語教材）と、ずいぶん違いますねえ。二つの作品を比べて、違うところをたくさん見つけてください。」これで、授業になった。時、場、主人公、文体等の違いが明らかになった。
一つの教材の中でも、次のような発問をよくする。これで、読解の授業になる。

発問　2の場面は、前の1の場面とずいぶん違いますね。
指示　違うところをできるだけたくさん見つけましょう。

「いろはにほへと」（光村三年・平成二三年度版）の2の場面も、1の場面との対比から授業をスタートさせた。ノートに筆記させ、発表させる。次のようにまとめていく。

1の場面　←対比→　2の場面
（場所）

①　　道　　　　　　　　↔城
　　　　　　　　　　（登場人物）
②かっちゃん・八木五平・ご家老↔とのさま
　　　　　　　　　　（だれがだれにぶつかったか）
③かっちゃんが八木五平に　　↔ご家老がのほほんとしたかべに
　　　　　　　　　　（わらった人）
④ご家老　　　　　　　　↔とのさま

右のように、黒板の中央に両矢印を書き、その右側に、対比の観点を書く。上下に対比された言葉やもの・ことを書くのである。子どもたちは、自分が見つけたもの以外の対比に気づき「なるほど」と思うことになる。対比するという作業は、作品を、少し外から見る分析的な作業であるが、その対比された箇所の言葉を見た瞬間、イメージが喚起することになる。

対比は、イメージ喚起装置である。

読解だけでなく、あらゆる授業定番的技法として対比を駆使してきた。
「いろはにほへと」の2の場面では、ご家老と、とのさまの対比もさせた。
○「しぶい顔↔わらい顔」　○「たずねる↔ぼやく」
○「へっへっ↔あっはっはっはっ」　○「どなる↔わらう」
困ったときは、「対比的な発問・指示」で突破である。

13 対比&類比で仕掛けが見える

対比と類比は、裏表の関係にある。

対比作業は、AとBとの違いを探すこと。
類比作業は、AとBとの共通項を探すこと。

我々は、何かを認識するとき、この対比と類比を無意識のうちに、使い分けている。

西郷竹彦氏の認識系統表では、対比・類比は、一年から指導せよとなっている（『西郷竹彦・教科書（光村版）指導ハンドブック　ものの見方・考え方を育てる　小学校一～六学年・国語の授業』新読書社）。納得がいく。「『まっすぐ』と『まっすぐまっすぐ』では、どう違うのかな。」力のある一年生の教師は、対比的・類比的発問・指示を見事に駆使している。

難教材であると言われている宮沢賢治の「やまなし」（光村六年）。対比と類比によって、作品の仕掛けが見事に見えてくる。具体的には、次のような発問・指示となる。

〈対比〉
発問　五月の場面と一二月の場面の違いを考えましょう。
指示　「五月は……だけど、一二月は……。」という形でまとめましょう。

〈類比〉

発問　五月も一二月も変わらないことは何ですか。

指示　「五月も、一二月も、共に……ということでは変わらない。」という言い方で、まとめてください。

初めに、対比されているものを検討させる。次のような対比が出るであろう。「五月はかわせみが水の中にきたけど、一二月はやまなしがきた。」「五月のかわせみのくちばしはとんがっていたけど、一二月のやまなしはまるかった。」「五月では、魚が死んだけど、一二月ではやまなしの実が死んだ。」「五月のかわせみは魚をとり生をえたけど、一二月のかにたちは、やまなしで生が得られる。」「子がにたちにとって、五月のかわせみは恐怖だけど、一二月のやまなしは、幸せ。」「五月の子がにたちは幼いけど、一二月は成長している。」対比することで、五月と一二月についての読解が深まる。

つぎに、類比を検討させる。「父のかには、五月も一二月も、共に子がにたちに自信を持って、説明し、安心させているということでは変わらない。」「子がには、五月も一二月も、共に父親の言うことを絶対だと信じているということでは変わらない。」「父のかには、五月も一二月も、共に子がにたちに教えることをうれしく思っているということでは変わらない。」「五月も一二月も、共に生あるところに死が生まれ、共に死のあるところに生が生まれることが書かれているということでは変わらない。」

類比をすると、主題が見えてくる。対比と類比で、作品の仕掛けが見えてくる。

14

「話者の意識化」で読解が深化する

なぜ、「話者」を指導する必要があるか。話者の位置を問うことで、読解が深化するからだ。

「話者」というのは、その物語を語っていく人である。「話者」は、ときに、登場人物の内側にいて「内の目」で心情を語ったり、外の世界を見たりする。ときには、登場人物の近くから、「外の目」で、人物の行動を語ったりする。低学年のうちは、「語り手」でよいだろう。しかし、三年生からは、「話者」を使いたい。「話者」の位置を考えることで、語られていくものを意識することができる。世界に浸るというより、世界を知覚しているという形となる。

「大造じいさんとガン」(五年)の場合、「話者」は、ほとんど、じいさんの側にある。例えば、次の文。

大造じいさんは、このぬま地をかり場にしていたが、いつごろからか、この残雪が来るようになってから、一羽のガンも手に入れることができなくなったので、いまいましく思っていました。

初めは、大造じいさんの姿を、「外の目」で、語っているように見えるが、「いまいましく思って」は、じいさんにしかわからない心情である。話者は、この瞬間、「内の目」で、じいさんの心情を語っているのである。一文の中で、「外の目」から「内の目」へと、話者の位置が変わる。

大造じいさんが、この物語の「視点人物」であることは間違いない。ところが、驚くことに、次のような文がある。

ところが、残雪は、油断なく地上を見下ろしながら、群れを率いてやって来ました。そして、ふ

と、いつものえさ場に、昨日までなかった小さな小屋をみとめました。

「油断なく」という心情は、残雪しかわからない。「小さな小屋をみとめました」は、残雪の目がとらえた小屋である。右の文では、話者は、残雪の中にあるのである。ドラマなら残雪の目にカメラが切り替わる。「話者」を意識して読むと、このような仕掛けまで意識することになる。

発問　このように、話者が残雪の側にある文はもうないでしょうか。

子どもたちは、次の文を見つけるだろう。

ア　残雪の目には、人間もハヤブサもありませんでした。ただ、救わねばならぬ仲間のすがたがあるだけでした。

イ　第二のおそろしい敵が近づいたのを感じると、残りの力をふりしぼって、ぐっと長い首を持ち上げました。

じいさんの側に、話者がいるとしたら、どんな表現になるか、考えさせるとよい。

ア　残雪の目には、人間もハヤブサもないかのようでした。ただ、救わねばならぬ仲間のすがたがあるだけのようでした。

イ　第二のおそろしい敵が近づいたのを感じたようで、残りの力をふりしぼったかのように、ぐっと長い首を持ち上げました。

作者の椋鳩十は、「話者」という用語を意識していなかったのだろう。おかげで、話者とは何かがいっそう明らかになる。「大造じいさんとガン」は、「話者」を指導するのに、格好の素材である。

15 主題を一時間で指導する

主題とは何か。まだ指導を受けていない子を相手に、一時間で教えてしまう方法がある。四年生、「一つの花」の最後の授業だった。「今日は、主題を考えます。」と宣言。次のように説明した。

主題とは、その作品が、読者に一番伝えたいメッセージです。

続いて、次のように問う。『一つの花』という作品が、一番伝えたいメッセージは、何でしょう。次の三つのうち、どれでしょうか。」

あらかじめ用意していた主題A、B、Cを提示した。

> A　親は、どんなときにも、子どもの幸せを考え、そのときにできる精一杯の行動をしている。
> B　平和にくらしている人々の喜びや幸せをこわしてしまう戦争というのは、おそろしい。
> C　戦争など、ひどい状況の中にあっても、家族への愛情はこわされることがない。

ここまで紹介するのに、五分程度。子どもたちは、A、B、Cの内容を見て、主題とは、あらすじでもなく、要約でもないレベルの「メタ・メッセージ」であることを何となくつかんだようであった。

この中で、自分が主題だと考えるものを一つ選び、理由を書きなさい。作品の主題は、年齢や体験とともに、違うものが見えてきます。そこで、次の書き出しで書きなさい。「今の私が一番

よいと考えるのは（　）だ。……」

あるクラスでは、三〇名中、A一八名、B六名、C六名であった。書いたものを発表させた。その中から、二点示す。

〔Aに賛成〕今の私が一番よいと考えるのはAだ。なぜなら、ゆみ子の母は大事な米で作ったおにぎりを全部あげ、父は「ひとつだけ」と言ったゆみ子に汽車が入ってきそうなのに、一輪のコスモスをわたしたからだ。
Yさん

〔Cに賛成〕今の私が一番よいと考えるのはCだ。理由は、「じゃあね、一つだけよ。」と言ってくれるお母さんも家族に愛情がある。お父さんは、自分のおにぎりをすべていいよとゆみ子にあげたり、泣きだしたゆみ子に一輪の花をあげたり、優しくて愛情があるからだ。
Kさん

実は、当初は、AとBを考えていた。愛情という言葉を入れてCを作った。これがよかった。「愛情」という言葉を手がかりに、再度、文章を読み直した。Cに賛成したN君は、「一〇年後のところには、ゆみ子のお母さんへの愛情も書かれている。」と発言した。お手伝いに、買い物に行くゆみ子の姿から、考えたのだった。「なるほど。」と仲間から絶賛の声。主題にCを入れておいてよかった。

主題を複数示し、どれがよいか書かせ、発表させる。これで、子どもたちは主題というものの存在を知ることになる。

16

折り句から生まれる想像と創造

平成二〇年版学習指導要領の「書くこと」で、中・高学年の言語活動例として、一番初めに例示されているのが、「詩をつくる」である。詩の創作ほど難しいものはない。型、リズム、描写、表現技法等に対する知識・技法が必要である。そこで、子どもたちに、紹介しているのが「折り句」を使った詩の創作である。おすすめは、物語折り句。物語のタイトルを折り込んでつくる。

一つの花

ひとつだけと言い出したゆみ子
とうさんからもらい喜んだゆみ子
つらい家族との別れ
のって行った汽車から見えた一輪のコスモス
はなに包まれた十年後の小さな家
なくなって二度と帰らないお父さん

「ひとつのはな」という言葉を折り込まないといけないというのは強力な制約である。ところが、この制約は強力な助っ人になる。もし、この助っ人がなければ、右のような詩を書くことは難しい。冒頭の「ひ」では、「ひとつだけ」と書き出し「ゆみ子」を登場させた。二行目に「とうさん」を登場させ、三行目では、お父さんの心理。四行目では、汽車に乗ったお父さんの「内の目」を視点としコスモスを見させた。最後は、一〇年後の話でまとめた。たった六行で、話全体のことを語るのだから、言葉を点のように提示することになる。それが、逆に、読む側のイメージを喚起させる。

この折り句を、少しずつ板書していった。その少しあとを予想させた。「ひとつだけと言い出した」と板書すると、子どもたちは、「ゆみ子」と答える。「と」は何があるかな。「とうさん」とそんな感じである。この折り句モデルで、子どもたちは、物語折り句とは何か、一気に理解する。

「ひとつのはな」の折り句で、この話がどんな話か、語りましょう。

個人でノートに筆記させたあと、グループで相談。グループで一本化したのを小黒板に筆記、発表させせた。グループで、すばらしいものを二つ選ばせた。クラスのベストワンに選ばれた折り句。

一つの花

ひの海になった町
とんできたてきの飛行機から落ちたばくだん
つらい戦争に行かなければならないお父さん
のはらいっぱいのコスモス
はやくなったりおそくなったりするミシンの音
なくなってしまった思い出の家

「ひの海」から「とんできたてきの飛行機」とつながる面白さ。ミシンの登場も驚いた。「思い出の家」で結ぶのもお見事。折り句という制約＝型から、想像と創造が生まれる。

17 予想を生む提示法

子どもの手元に教材がないときは、物語を少しずつ提示し、次を予想させるのも面白い。「世界一美しいぼくの村」（東書四年）では、最後の一ページを見せないで予想させた。大方の予想が外れ、子どもたちは愕然とする。

「三つのお願い」（光村四年）は、話の続きを予想させ、筆記させた。この教材は、めずらしく一人称で書かれている。それを指導の重点とした。一通り、読解の指導をしたあと、次のように言った。

指示　話の続きを書きましょう。話には、ビクターとママを登場させましょう。私と、ビクターとママの三人の会話も入れましょう。

ビクターだけでなく、ママも登場させるのがみそである。一人称だから、ちょうど、日記を書くような調子で書けばよい。Iさんの作った文を紹介する。

私はビクターの顔を見ることができなかった。目を合わせることができないということだ。そしたら、ビクターが私の横に顔を近づけて、「さっきはごめんね。」とあやまってくれた。私は、「えっ、ビクターが悪いんじゃないよ。」と思わず顔を上げてしまった。そのとき、目と目がつながった。自然に仲直りしていた。寒いので家に入った。するとママが、「どうしたの。」と聞いた。「何でもないよ、ねー、ビクター。」そう言った。「ビクター大好き。これからもいい友達でいようよね。約束だよ。」（終）

※会話の改行略。

「ちいちゃんのかげおくり」を三年の教科書（光村）で目にしたときには、本当に驚いた。空襲にあい、はぐれてしまったちいちゃんが、朦朧とした中で、かげおくりの幻影を見ながら亡くなっていく話なのである。途中助かるチャンスもあるのに、運悪く一人になってしまう。そして、小さい命が消えていく。その瞬間が描かれているのだ。

私が真っ先に考えたのは、読解ではない。要約や主題の把握でもない。こんな形でちいちゃんを死なせてはいけないということだ。あまんきみこさんの作品は、運転手の松井さんが登場する「車のいろは空のいろ」（ポプラ社）シリーズが大好きだ。あまんさんの作品でも、「ちいちゃん」を三年生に読ませることには抵抗をおぼえた。

指示　「わらいながら、花畑の中を走りだしました。」の次に、次の文を入れて、もう一つのストーリーを作りましょう。
そのとき、「ちいちゃん、ちいちゃん。」という声が聞こえてきました。

その声は、お母さんとお兄ちゃんの声である。お母さんとお兄ちゃんは、生きていて、はぐれたちいちゃんを探していた。そして、やっと見つけて、ちいちゃんに声をかけたという設定であることにする。死にかけていたちいちゃんは、間一髪のところで、助かるのである。「お母さん、お兄ちゃん、探していたのだよ。」とちいちゃん。「よかった、よかった。がんばったね。」とお母さん。中には、後日談として、戦争が終わり、出征していたお父さんも帰ってきたと書いた子もいた。現実的でないかもしれない。が、三年生である。あの状況の中でも、主人公ちいちゃんは何としても生かしたい。

18

作品の批評は二項対立で

この手法を知ってから、新しい読解授業の型が生まれた。読解の授業の中や、授業後に、作品に関わる様々なテーマについて、批評する方法だ。この手法とは、樋口裕一氏が提唱された小論文執筆法である（『ホンモノの文章力』集英社）。樋口式では、テーマを、AかBか、賛成か反対かというように、二項対立にする。四部構成（①問題提起、②意見提示、③展開、④結論）でまとめる。

この手法の中で、最も効果的だと思うのは、「確かに、Aもよい。」と、Aのよいところを指摘したあとで、「しかし、わたしは、Bに賛成である。」と二段落で意見提示し、三段落で、「なぜなら、……」とBの賛成の理由を「展開」していくところだ。

「海の命」（六年）の授業を終えた段階で、私は、次のテーマを示した。

1　太一の心が一番大きく変化したのは、二六段落か二七段落か。
2　最後の場面は、この作品に必要か、必要でないか。
3　この作品の主題はどれがよいか。※次の中から二点を選択し検討する。
①受け継がれていく命　②受け継がれていく海の命　③受け継がれていく海の命の精神　④守られていく海の命
4　太一が、クエと戦わなかったのは、父の影響か、与吉の影響か。
5　太一が、クエとの出会いのことを誰にも言わなかったことに賛成か、反対か。

6 「きつねの窓」と「海の命」は、どちらがすぐれているか。

1は二七段落で決着。2も、予想した通り「必要」ということになった。3の主題では、意見が分裂したままで終了していた。4、5は、授業では、しっかり検討していない。6は、以前に学習した「きつねの窓」（教出六年、安房直子作）と比べさせるテーマである。

筆記時間は、一時間。どのテーマを選択してもよい。6を選択したY君の「評論文」を紹介する。

「きつねの窓」と「海の命」は、どちらがすぐれているか

立松和平の「海の命」の授業をした。前にした「きつねの窓」とどちらがすぐれているか検討する。

確かに、「きつねの窓」もすばらしい。きつねのやっている染め物屋に主人公の少年が入り、最初は「おかしさが、くつくつとこみあげて」きたが、最後は、「おどり上がる」ほどうれしくなった。この少年の大きな心の変化は共感できるものがある。しかし、私は、「海の命」の方がすぐれていると考える。

「海の命」は、「きつねの窓」と対照的に太一の一生が描かれている。初め幼い頃は、「おとうといっしょに海に出る」と考えていたのだが、おとうが死んでしまい、与吉じいさに「海の命」の考え方を学んだ。後に、与吉じいさも死んでしまい、太一が「村一番の漁師」として一人で生きていく。何年ももぐり続けてやっと、父を打ち破った「瀬の主」に出会った。太一はこの「瀬

の主」を殺さないと本当の意味での「村一番の漁師」になれないとわかっていてもわざと殺さなかった。太一の心の中の葛藤の末この判断をしたことに感動する。
したがって、「きつねの窓」より「海の命」の方がすぐれていると考える。

Y君はどちらかと言えば算数が得意な子だった。Y君は、小論文の型を使い、さらに、私の指示通り両作品からていねいに引用しまとめた。書くことで、作品を振り返り、作品についての意見、主張が生まれている。

四年生の一学期。「一つの花」(四年)のあと、「すずかけ通り三丁目」を読み聞かせした。これは、あまんきみこさんの「車のいろは空のいろ」(ポプラ社)シリーズの中の一作だ。若い女の人に言われて松井さんが行った先は、昭和二〇年の空襲前の町。女の人は、空襲で死んだ二人の子どもに会いにきたという話だ。「ちいちゃんのかげおくり」とは違い、読者は、ファンタジーの世界で、戦争に出会う形をとっている。「一つの花」と「すずかけ通り三丁目」とでは「どちらがすばらしい」と考えるか、樋口式筆記法でまとめることにした。

「一つの花」が伝えたいこと　　四年　T君
「一つの花」の学習のあと、「すずかけ通り三丁目」を読んだ。この話にも戦争が出てくる。どちらがよいか考える。
たしかに、あまんきみこさんの「すずかけ通り三丁目」もよい。戦争で苦しんでいるところは細かく書かれてはいないが、戦争で死んだ息子を思うときだけもとの若さにもどるところがおもしろい。その女の人は、死んだ子どもに会えたのだ。しかし、僕は、「一つの花」の方がすばらしいと考える。

なぜなら、読んでいるだけで親の愛や戦争の苦しさが伝わってくるからだ。戦争中の一定の量しか手に入らないときでも、ゆみ子が「一つだけちょうだい。」と言えば、必ず何かつくる。それに、お父さんがゆみ子にめちゃくちゃにやる「高い、高い」は、お父さんがゆみ子を少しでも喜ばせようというゆみ子に対しての愛がこもっている。

このように考えた結果、平和を壊す戦争の苦しさと、必ずわが子をゆうせんする親の姿が書かれている「一つの花」がよいと考える。

この子たちは、初めてこの形で「評論文」を書いた。「評論」「批評」というと、難しそうだが、むしろ簡単である。二つの作品の「すばらしさ」を対比的に書くことで、思考が働き、批評的な見方も身につく。再読解の場になる。樋口式筆記法を活用した作品や表現の検討は、ＰＩＳＡ型読解力を身につける有効な方法である。

19 詩を丸ごと味わう「小出し方式」

詩の読解授業は、最高の言語活動である。詩人の選択した凝縮した言葉に触れ、言葉を音読し、言葉で思考し、言葉を語り合い、言葉を書く。言葉まみれになりながら、一つの詩の世界を、短時間で丸ごと味わうことができる。

そのような授業を成立させるための小さいけれど効果抜群の技が「小出し方式」である。

小出し方式とは、詩を小出しにし、次の言葉を考えさせる詩の読解授業である。

野口芳宏氏の「うとてとこ」（谷川俊太郎）の授業（野口芳宏編著・木更津技法研著『子どもを動かす国語科授業の技術20＋α』明治図書）に出会って以来、さまざまな教材でしてきた。

まず、第一におすすめの詩は、谷川俊太郎氏の「私たちの星」である。

私たちの星　　谷川俊太郎

1はだしで踏みしめることの出来る星
土の星
2夜もいい匂いでいっぱいの星
花の星
3ひとしずくのつゆがやがて海へと育つ星
水の星

4道ばたに草イチゴがかくれている星
おいしい星
5遠くから歌声が聞こえてくる星
風の星
6さまざまな言葉が同じ喜びと悲しみを語る星
愛の星
7すべてのいのちがいつかともに憩う星
ふるさとの星
8数限りない星の中のただ一つの星
私たちの星
※連番号は岩下による。紙幅の都合上、連と連の間の行間をつめて掲載した。

一連「はだしで踏みしめることが出来る星／土の星」は視写と一斉音読。

二連は、一行目の「夜もいい匂いでいっぱいの星」に対して、「何の星」かを問う。「も」が決め手。「花の星」。

三連は、一行目の「ひとしずくのつゆがやがて海へと育つ星」の「育つ」をかくす。擬人法であることを言う。これがヒント。「帰る」等も出る。「なるほど。」と言いながら、その言葉を入れて音読。対話の最後に、実際に詩に使われた言葉を紹介する。

四連「草イチゴがかくれている星／おいしい星」も擬人法が使われていることを述べてから板書。ここでは予想させず、次のように、説明から問いへと発展させていく。

「一連から三連までは土、花、水と自然が登場しています。四連の草イチゴは自然ですが、おいしいというところで、ちらっと人の気配も感じます。三連までに、人がちらっと出てくるところありませんか。」と問う。子どもたちは、一連の「はだし」に気づく。

ここで、板書の「自然」に青丸、「人事」に赤丸をつける。この作業で、授業の後半が面白くなる。五連。「遠くから歌声が聞こえてくる星」。これは、「人事」ですね。さて、何の星でしょうと問う。「音の星」等が出る。そこで、「実は、自然が登場します。」少し話し合うと、必ず「風の星」と出る。映像と音声が浮上する瞬間だ。

六連は、見事なまでの人事、「愛の星」。ここは内容の解説。七連の「すべてのいのちがいつかともに憩う星/ふるさとの星」では、「憩うのは誰か。」を問う。自然と人の両者である。両者がいつかともに憩う＝休息する。これは、深い意味をもつ。「続きはありますか。」ある。八連。「数限りない星の中のただ一つの星/私たちの星」で、終了。

最後に、好きな連を二つ選択し、好きな理由、好きな箇所を筆記、発表させる。これで、一時間の授業である。実は、この授業に、最初は二時間かけていた。当初は、反復される詩の中の、内容の違いに頼って予想させることをしていた。これでは面白くない。「自然」と「人事」という言葉、観点を授業に紹介することで、この詩の仕掛けが大きく見えてきた。

「自然」の中に、「人事」が登場し、両者が、つながり合う形の詩を谷川氏はいくつか書かれている。そのことに気づいたとき、「私たちの星」は、授業になった。

「自然」に青丸、「人事」に赤丸をつける。これは、漢詩「春望」の授業をしたときに使った手だ。

同じ教材を何度も授業できるという恵まれた場にあった。この詩の授業を反復することができた。その結果、この詩を一時間の読解の活動として組み立てる技法がわかってきたのだった。

「私たちの星」という詩との出会い、小出し方式との出会いが、私の詩の読解授業の突破口となった。

ここで、小出し方式をいつも支えてくれている言葉を紹介する。

授業とは何かを与え、何かを隠し、何かを問い、何かを考えさせ、何かを認識させるコミュニケーションである。

（宇佐美寛『大学授業入門』東信堂）

そうだと思う。「隠れ」ているから、知りたくなるのは当然のことなのだ。教科書を使っていると、「隠す」ことができない。それで、「隠す」作業をしていないだけだ。かつて、幼児向けに、プレスクールをしたことがあった。国語科、英語科等々、最高に濃密な授業をしようと頭を絞った。ふたを空けてみたら、すべての授業が、「与えて」「隠す」形となっていた。知を引き出すために、「隠す」作業は、欠かせないのだ。

小出し方式にぴったりの詩を紹介する。いずれも、「前半で、詩の型や構造が見え、その型が次の言葉を考えるための支えとなる」という詩である。ぜひ、お試しいただきたい。

「青イ花」（草野心平）、「わたしは見た」（与田凖一）、「朝の歌」（小泉周二）、「うんとこしょ」（谷川俊太郎）、「うれしかった」（おのでらえつこ）、「ほほえみ」（川崎洋）

20

「仲間外れの連探し」で対比的思考を生む

教科書の詩など、小出しできないときは、どうしたらよいか。

次の発問・指示をおすすめする。

発問　これらの連の中で、仲間外れの連は、どれですか。
指示　「他の連と違って、〇連だけは、……。」という言い方で、言ってください。

発問と指示を少していねいに、分けてみた。発問は、思考内容、指示は思考方法を示す。この指示の場合は、「〇連だけは……。」と提示することで、具体的な思考方法を示したわけだ。

「仲間外れ」であるから、三連以上の詩が該当する。各連の内容が、バラバラでも困る。全体として、共通項をもちながら、各連に独自の内容が盛り込まれた詩がよい。金子みすゞの「ふしぎ」（『わたしと小鳥とすずと――金子みすゞ童謡集』ＪＵＬＡ出版局）はすばらしい教材だ。

ふしぎ　　　　金子みすゞ

1
わたしはふしぎでたまらない、
黒い雲からふる雨が、
銀にひかっていることが。

2
わたしはふしぎでたまらない、
青いくわの葉たべている、
かいこが白くなることが。

3
わたしはふしぎでたまらない、
たれもいじらぬ夕顔が、
ひとりでぱらりと開くのが。

4
わたしはふしぎでたまらない、
たれにきいてもわらってて、
あたりまえだ、ということが。

※連番号は岩下による。

まず、「似たとこ探し」をする。共通項、類比点の検討である。ここでは、「どの連も……が同じ。」という言い方で、発表させる。

・どの連も、一行目が同じ。
・どの連も、三行目の最後が、「が。」で終わっているという点が同じ。

一行目の最後が読点、三行目の「が」に句点がついていることも話題にする。学年によっては、

「倒置法」を話題にしてもよい。
その後、いよいよ「仲間外れ探し」である。「○連だけは、……」という形で、ノートに書かせる。三つ書いたら持ってこさせる。作業は五分間。子どもたちの頭は、対比的思考でいっぱいになる。一連から発表させる。

〈一連〉
・雨が出てくる。
・自然現象が出てくる。
・黒と銀の色が出てくる。

〈二連〉
・植物と動物が出てくる。
・青と白が出てくる。
・二行目が、「ている」となっていて「が、……が」の形になっていない。

〈三連〉
・夕顔が出てくる。
・擬人法が出てくる。（ひとりで）
・擬態語が出てくる。（ぱらりと）

〈四連〉
・たれという人間が出てくる。
・二行目が、「……てて」となっていて「が、……が」の形になっていない。

全部出たところで、「一番の仲間外れはどれでしょう?」と問えば、これは、文句なく四連となる。

ここで、また、自然と人事の登場である。四連だけが、「人のふしぎを述べている。」と出る。そこで、問う。

「わたしは、何を聞いたのでしょう。」↓一連から三連のふしぎ
「何人に聞いたのでしょう。」↓「たれに」とあるから多くの人
「何がふしぎなのでしょう。」↓あたりまえだということが

面白い。すべて書かれていることなのに、子どもたちが、答えるたびに、音読で浮上しない映像が見え隠れする。読解授業の真骨頂。読解とは、頭の中がこうなることなのだと、納得してしまう。

実は、結局は、「小出し方式」できる詩と、「仲間外れの連探し」ができる詩は、よく似た詩である。各連、それぞれ独立した内容があり、他の連と対比関係にありながら、全部の連を貫く共通項がある。共通の言葉があったり（反復）、共通したテーマがあったりする。歌詞のようなものだ。

えっ、そんな特殊な詩を探すのと言われるかもしれない。事実、授業できる詩は、一〇〇本に一本である。しかし、物語や説明文の教材も事情は同じである。短くて、知的な読解ができる教材は数少

ない。だから、同じ教材が何十年にわたって採用されたりする。物語や説明文に比べれば、授業できる詩の〝捜索〟はむしろ楽である。宇佐美氏の授業論は、「授業とは何かを与え」から始まる（宇佐美寛『大学授業入門』）。すぐれた教材が必要である。言葉の学習には、論理的で美しい言葉が詰まったテキストが必要である。詩の授業をしないのはもったいない。

四章

言語力を定着させる！説明文の読解授業をアクティブにする基本技

説明文の指導法を知りたい。現場からの声がますます高まっている。面白くて、言語力も確実に定着する説明文の読解授業の確立。私にとっても大きな課題であった。文章の内容と表現を理解させた上で、作文の筆記へとつなげる方法。これが私の基本的な指導である。知的でアクティブな授業展開を成立させる技を紹介する。

1 内容理解の切り口は述語にあり

二年生の最初の説明文教材は、「たんぽぽのちえ」（光村）。その冒頭の一段落は、次の一文からなる。

①**春になると、たんぽぽの黄色いきれいな花がさきます。**（※丸付き数字は岩下による。）

この一文をどう扱うか。音読したあと、次のように、指示・発問する。

『さきますに、線を引いてください。』

『簡単なことを聞きますよ。……。できるだけ短く答えてください。……何がさくのですか。』

ほぼ全員が挙手。「花が」である。「花が」に○をつけさせる。「花がさきます。」を一斉音読。

『花は、どんな花と言っていますか。筆者は、三つ言っていますよ。』これも、挙手→指名→発言。

「たんぽぽの花」「黄色い花」「きれいな花」と出てくる。それぞれを、一斉音読。

『では、聞きます。たんぽぽの黄色いきれいな花は……。』子どもたちは、挙手の準備をしている。

『いつ、さきますか』～「春」「春に」「春になると」などと出てくる。

『「春、さきます。」と「春になると、さきます。」では、どう違いますか。』

「春だと、ずっと春の間さいているみたい。」

「春になるとだと、冬には、さいてなくて、春になってくるとさく。」

二段落は、二文からなる。

②**二、三日たつと、その花はしぼんで、だんだんくろっぽい色にかわっていきます。そうして、**

たんぽぽの花のじくは、ぐったりとじめんにたおれてしまいます。

音読のあと、「かわっていきます」に線を引かせる。

『「かわっていきます。」何がかわっていくのですか。四文字で答えてください。』「その花は」である。「その花は、変わっていきます。」と一斉音読。

『「その花」とは、どんな花ですか。』〜「春になると、さいた花」

『さいてから、何日でそうなると書いてありますか。』〜「二三日たつと」

『どのように変わっていくのですか。』〜「しぼんで」「くろっぽい色に」

『学校のたんぽぽを見ると、もっと長くさいているように見えるのですが。』と聞く。

「たんぽぽは、たくさん咲くから……。」と子ども。子どもたちは、次の問いを予想するようになる。

次は、「たおれてしまいます」に線を引かせる。たんぽぽの花の寿命は、二、三日なのだ。

『何がたおれてしまうのですか。三字で答えてください。』〜「じくは」

『どこにたおれてしまうのですか。』〜「じめんに」

『どのようにたおれてしまうのですか。』〜「ぐったりと」

『ぐったりと』で短い文を作らせる。「ぐったり」は、人の力がぬけたり、疲れた様子を表す言葉であることを確認する。このように、構文を明らかにしながら、内容を確認していく。もう、気がつかれたであろう。

内容・構文の確認・理解は述語からスタートする。

2 段落の内容はひとことでまとめる

文章を書くとき、違う話題を持ち出したいときに、段落を設ける。一つの段落には、一つの意味、内容が盛り込まれていると考えればよい。一段落一義。これがよい文章の構造である。だから、一つの段落について、次のように問うことができる。

段落で筆者が説明していることを、ひとことでまとめましょう。

「たんぽぽのちえ」（光村二年）の一段落は、次の一文から構成されていた。

①春になると、たんぽぽの黄色いきれいな花がさきます。（※丸付き数字は岩下による。）

この一文だけでまとめになっているようである。私は、次の、発問・指示を用意した。

発問　筆者、うえむらとしおさんが、一段落で一番伝えたいことを、ずばり言ってみましょう。

指示　次のうちから、選んで、番号を書きましょう。

1 たんぽぽの花は黄色いです。

2 たんぽぽの花はきれいです。

3 春になるとたんぽぽの花がさきます。

発問だけでは、二年生の子どもの作業は進まない。そこで、1～3を示し考えさせる。すると、予想した通り、子どもたちの大半は、3を選択。そこで、『1や2は間違っているのですか。』と問う。

「まちがってはいないけど……。」と子どもたち。1と2が筆者の一番伝えたいことでないことは、子どもたちでもわかる。1と2の提示で、3のよさが引き立つのである。ここで、もう一つ問う。

『3は、字数が一六字ありますね。何とか、一五字以内にできないでしょうか。』

「春になると」「たんぽぽ」は、削れない。結局、「春になるとたんぽぽがさきます。」（一五字）で決着。

『これを一段落の題にしたいのですが、何か、題らしくないよね。』

段落の見出しつけの経験がない子たちには、「……たんぽぽ」という形でまとめるといいことを説明する。

子どもたちは、すぐに気づく。「春になるとさくたんぽぽ」。いかにも、題らしくなる。こういう段落の題のことを段落の「見出し」ということも説明しておく。

二段落を、ひとことで言うのは、難しい。二段落は、「花はしぼむこと」と、「じくがたおれる」という、二つの内容が入っているからだ。「一段落二義」である。私が考えた発問・指示を示す。

指示　二段落をひとことで言いましょう。次の言葉を入れて、二〇字以内でまとめましょう。
・二、三日　・しぼみ　・たおれる

こうすれば、二年生でも考えられる。「二、三日で、花はしぼみ、じくはたおれる。」（二〇字）。さらに、「花のじく」で体言止めにし、一五字以内で見出しづくり。「二、三日でたおれる花のじく」（一三字）となる。

3 段落要約は「重要述語＋情報」で体言止め

2で紹介した「筆者の伝えたいことをひとことでまとめる」作業は、つまりは、段落の要約作業である。段落の言葉の中から、筆者の伝えたい情報を取捨選択し、統合していく作業は、まさに、説明文読解の中枢作業である。すべての教材で行いたい作業である。ただし、大人でもまとめるのが難しい段落が多い。その一因は、先に述べた「一段落一義」の意識のなさにある。「たんぽぽのちえ」（光村二年）の三段落を見てみよう。

③けれども、たんぽぽは、かれてしまったのではありません。花とじくをしずかに休ませて、たねに、たくさんのえいようをおくっているのです。こうして、たんぽぽは、たねをどんどん太らせるのです。（※丸つき数字は岩下による。）

この段落も一義ではない。この文章には、四つの文（意味句）がある。四つの述語（傍線）がある。

1（たんぽぽは、）かれてしまったのではありません。
2（たんぽぽは、）花とじくを休ませる。
3（たんぽぽは、）えいようをおくっている。
4（たんぽぽは、）たねを太らせる。

1と2で一義、3と4で一義である。そこで、次のように指示する。

指示　三段落を要約しましょう。次の言葉を入れて二五字以内。最後は「たんぽぽ」でまとめま

しょう。
・休ませ　・たんぽぽ　・花とじく　・おくる　・えいよう

教師が提示した言葉と、字数に支えられて、二年生の子どもたちは、何とか、要約することができていく。そして、次の形で決着するだろう。「花とじくを休ませ、たねにえいようをおくるたんぽぽ。」（二五字）。

このような作業をさせるとき、絶対に欠かせないのは、教師自身が、段落内の構成を把握した上で、提示する言葉を明確にできること。自分で、要約をしておくことだ。それをするから、字数を提示できるのである。

提示した言葉は、いわゆる段落のキーワードである。私自身の要約指導の方法をまとめる。

要約指導の方法

① その段落の重要述語を選択する。ふつうは一つである。
② その述語につながる大事な情報を選択する。一つのこともある。五つくらいになることも。
③ 「○○は、（が、で、に）＋述語。」とまとめる。○○は主語になるとは限らない。
④ 体言止めにして字数を数える。
⑤ 子どもへ要約の指示。要約の字数を提示。提示するキーワードの数、内容は、子どもの実態に応じて。

4 段落要約法の活用の実際

段落要約法を活用し、「すがたをかえる大豆」（光村三年）に見出しをつける。〔 〕はキーワード。傍線が重要述語である。

一段落「すがたを変えているので気づかれない大豆」（一九字）〔気づかれない、大豆、すがたをかえている〕

二段落「おいしく食べるくふうがされてきた大豆」（一八字）〔くふうをしてきた、だいず、おいしく食べるくふう〕

この一、二段落が、「はじめ」。以下、三〜七段落で、具体的なくふうの記述がなされる。

三段落「やわらかく、おいしくするくふう」（一五字）〔おいしくする、やわらかく〕

このように、七段落まですべて、「……くふう」で体言止めにする。

八段落の「おわり」は、四つの文からなる。一文目が、「なかのまとめ」、二、三文目が「理由を中心とした意見」、四文目が、「人々のちえを焦点化した意見」。つまり、一段落二義である。ここでは、あえて、一段落で記述してあることを尊重し、四文目からキーワードを選択し、要約する。

八段落「大豆のよいところに気づき、食事に取り入れてきたことにおどろかされるむかしの人々のちえ」（四二字）〔おどろかされます、大豆のよいところ、気づき、食事に取り入れてきた、むかしの人々のちえ〕

大事な情報を盛り込むと何と四二字にもなる。とりあえず板書する。とにかく長い。小見出しらし

くない。「もっと短くなりませんかね。」言葉を削ったり、他の言葉に置き換えたりする。つまり、

集団添削

である。説明文の授業の中で、もっとも盛り上がる作業と言っていい。

・「大豆のよいところに気づき」を削り、「大豆を食事に取り入れた」とする。これで、九字削除。
・「むかしの人々のちえ」を「人々のちえ」に。これで四字削除。
・「取り入れてきた」を「取り入れた」に。これで、二字削除。
・「おどろかされます」を「おどろかされる」で一字削除。

体言止めにし決定版の完成。「おどろかされる大豆を食事に取り入れた人々のちえ」（二三字）。

六年生の「『鳥獣戯画』を読む」（光村六年）の最終段落の要約は、すごかった。この一段落だけで、六文、三〇〇字にもなる。ひとことで言うと、「鳥獣戯画は、人類の宝だ。」となる。

どんな情報を入れたらよいか、話し合った。決定したキーワード「人類の宝だ、鳥獣戯画は、八五〇年、自由闊達、祖先、保存、世界」。「世界」を入れると、急に難しくなる。四〇～五〇字と指示した。そんな中から生まれた二点。

○八五〇年前に描かれた鳥獣戯画は、世界のどこにもない自由闊達な絵で、祖先が保存してきた人類の宝だ。（四八字）

○八五〇年前、世界に類を見ない自由闊達さで描かれ、祖先が保存してきた鳥獣戯画は人類の宝だ。（四四字）

5 指示語の検討の方法

指示語の検討はやはり重要である。指示語が示した言葉を明らかにすることで、理解が急に深まる。

次のように指示語が多用された文章がある。指示語を検討するよい機会になる。

わたしが走り方を工夫し始めたきっかけは、高校生のとき、当時取り組んでいた走り方にぎもんを感じたことでした。それ①は、「ひざを高く上げて」「あしを思い切り後ろにける」、つまり大きな動作で走るというものです。そう②すれば、速く走れるといわれていたのです。わたしは、毎日この③練習をくり返していました。けれども、この④方法で……。

（※「動いて、考えて、また動く」（光村四年）二段落。指示語番号、傍線は岩下による。）

この段落には、指示語が四つある。②から検討する。次のように問う。

『そうすればとは、どうすればなのですか。』

このように聞けば、「大きな動作で走れば」と答える。③についても、同じように問う。

『この練習とは、どんな練習ですか』。～「大きな動作で走る練習」

④も同様である。

『この方法とは、どんな方法ですか』～「大きな動作で走る方法」

つまり、三つの指示語は、すべて同じ言葉を指示していたのである。

指示語のところに、「指示されている言葉」を入れて音読する。

実際に、そのように音読させた。途中で、笑いが出たほどである。

『かえってわかりにくいですね。指示語の効果がわかりますね。指示語を使うと、文章がすっきりとわかりやすくなります。筆者は、わかりやすいように、指示語にしてくれたのですね。』

四つの指示語のうち、①を最後に、検討したのには、わけがある。

『それ①は、とは何なのでしょうか。』

文のつながりからすれば、「当時取り組んでいた走り方にぎもんを感じたこと」、簡単に言うと、「走り方へのぎもん」となる。ところが、その言葉を「それ①」に置き換えて読むと、「走り方のぎもんは、……大きな動作で走るというものです。」となり、おかしい。「ぎもんは」を主語にすれば、次のａかｂになる。

ａ「走り方のぎもんは、大きな動作で走ると速く走れるということについてです。」

ｂ「ぎもんは、大きな動作で走ることについてです。」

つまり、指示語の「それ①」は　に続く言葉には、何についてのぎもんか、あるいは、ぎもんの中身が書かれるべきなのである。

『走り方のぎもんは、……「走るというものです。」とありますが、もう少しわかりやすい言い方に変えましょう。』

その上で、右のａｂの文を紹介し、視写させた。

文章には、キズがつきものだ。教師がそのキズに気づけば、大騒ぎしなくてすむ。説明文教材は、キズに感謝し、キズを修復しながら、授業を進めていく。このくらいの構えが必要である。

6 段落のキーセンテンスを見出し化する

段落のキーセンテンスとは、段落の中心になる文である。私は、次のように説明している。

○段落の中で筆者の一番伝えたい考えが書かれている一文。
○段落の「まとめ」が書かれている文。

新幹線の高速化に期待

① 日本で今までに作られた新幹線車両は一五種類ある。その中で、私が好きな新幹線車両を二両あげる。

② 一両目はE5系だ。東北地方で主に「はやぶさ」として使われている。緑に赤色のラインが美しい。何よりすごいのはスピード。最高時速は三二〇キロ。初代の0系が二二〇キロ、今主力のN700系でさえ三〇〇キロ。E5系は、現在、運転中の新幹線の中で最も高速な車両だ。

③ もう一両は500系だ。丸みをおびたボディで、カワセミのようなノーズを持っている。日本で、いや世界で初めて時速三〇〇キロのスピードを出したのはこの車両だ。今でこそTGVにぬかされてしまったが、車両高速化の火付け役だ。

④ 二両ともスピードが魅力の車両だ。最近は、リニア新幹線のことがよく話題にされるが、現在の新幹線がどこまで高速化されるか期待したい。

この文章には、各段落ともに、キーセンテンスが配置されている。一段落「はじめ」は「その中で、私が好きな新幹線車両を二両あげる。」がキーセンテンス。

二段落の「なか1」が「一両目はE5系だ。」は、この段落の話題提示文。二文目の「色」は、「はやぶさ」についての説明。一番伝えたいのはスピードのこと。0系、N700系と比べたあと、「……新幹線の中で最も高速な車両だ。」とまとめる。これがキーセンテンス。

三段落の「なか2」も、「なか1」とよく似た構造である。違うのは、「丸みをおびたボディで、カワセミのようなノーズ」と形を挙げたこと。しかし、筆者の関心はスピードにある。「今でこそTGVにぬかされてしまったが、車両高速化の火付け役だ。」。これがキーセンテンス。

四段落の「まとめ」は、一文目で、両車両の共通項を「スピードが魅力」とまとめる。「最近は、リニア新幹線……」に筆者の主張がある。

このように、意識してキーセンテンス＝まとめが書かれたものは、先に紹介した「段落要約法」でも、キーワードは、ほぼキーセンテンス内にあるということになる。要約して見出し化してみる。

はじめ「紹介したい好きな新幹線車両」
なか1「現行の新幹線で最も高速なE5系」
なか2「新幹線車両高速化の火付け役500系」
まとめ「高速化を期待したい新幹線」

キーセンテンスのある段落を教師が事前に見つけておく。キーセンテンスを見つけさせ、見出し化する。

7

「おわり」ではなく「まとめ」と呼ぶ

説明的文章の構成を教科書では、「はじめ―なか―おわり」の三部構成で説明してある。三部構成と言えば、昔から、「序論―本論―結論」がよく言われてきた。

「はじめ」は、全体の話題提示（＝序論）が書かれている文章が大半である。

「なか」は、具体的な内容（＝本論）が書かれる。これは、問題ない。

「おわり」が曲者である。ここには、「なか」の説明をもとにした「まとめ」が書かれているはずである。「なか」が「A（なか1）」と「B（なか2）」の二つからなれば、「まとめ」には、AとBの両方をたばねた「まとめ」が書かれるはずである。市毛勝雄氏は、「まとめはなかの共通項である」と明確に言われた（『説明文の読み方・書き方』明治図書）。「まとめ」の中には、何らかの筆者の意見が入る。共通項は、「なかを書いて発生した意見」と言い換えることができる。

ところが、教科書の説明文の「おわり」を見ると、その「まとめ」に加える形で、筆者の「意見・主張」が書かれているものが多い。「たんぽぽのちえ」（光村二年）では、「このように……ちえをはたらかせています。」とまとめたあと、「たねをちらして、あたらしいなかまをふやしていくのです。」と、ちえをはたらかせるわけが書いてある。若干、論説的である。

「すがたをかえる大豆」（光村三年）の「おわり」部は、現教科書は一〇行あるが、「まとめ」として、八行分、大豆が食べられる理由が書かれている。そのあとに、「むかしの人々のちえにおどろかされます。」と、最後は、意見でまとめている。立派な論説的文章である。「すがたをかえる大豆」の

「おわり」部は、理由と意見の二義ある。

実は、この教材、かつては、最後の意見は九段落として独立していた。それが現行では、一段落にまとめられたのである。以前の教科書を見ると、改行の効果か、意見部が大変に目立つ。「確かにそうだなあ。」という共感と同時に、目立ちすぎて、「えっ、最後に、筆者の新たな意見が出てきたな。」という思いもわいてくる。

現行のを見ると、意見部は若干目立たなくなるが、前文とのつながりを感じる。理由を書いた結果、「人々のちえ」に思いがおよんだ。そんな書き手の心理が伝わってくる。

改訂前だと、見出しは、次のようになった。

・旧八段落「味もよく栄養もあり育てやすいので食べられてきた大豆」

・旧九段落「おどろかされる大豆を取り入れた昔の人々のちえ」

現教科書では八段落は次のようになる。

「おどろかされる大豆をさまざまに取り入れてきた昔の人々のちえ」

子どもには、次のように言うことになる。「筆者はすごいです。まとめを書きながら、考えを深めています。それを最後に書いて、伝えてくれています。」筆者の主張のない「まとめ」はない。「まとめ」ること自体が、意の表明だから。教科書を見ると「おわりには、まとめを書きます。」と書いてある。それなら初めから、説明的文章の構成として「おわり」ではなく、「まとめ」という用語を使った方が、わかりやすい。

8

文章構成の検討は「段落要約先行」を基本に

文章構成の指導は、欠かせない。どの段階で指導するかだ。

A　文章構成先行指導型

「文章構成先行指導型」は、段落に番号をつけ、音読したあとに、文章構成を考えさせる。

「アップとルーズで伝える」（光村四年）をこのA型でしたことがある。この文章は、八段落からなる。

この文章を、はじめ、なか、まとめの三つに分けます。どこで分けられるでしょうか。

この文章は、実は、次のような構成になる。

・１２３…はじめ（アップとルーズはどう違うのか）

・４５６…なか１（伝えたいことが違うアップとルーズ）

・７　　…なか２（新聞の写真でも使っているアップとルーズ）

・８　　…まとめ（テレビでも新聞でも目的に応じ使い分けているアップとルーズ）

ところが、多くの子が次のように考える。

ア　１２が「はじめ」…３からアップとルーズの説明が始まるから。

イ　６７８が「まとめ」…６に「このように」というまとめがあるから。

しかし、三段落に「アップとルーズはどう違うか」という問いがある。１２３までが「問題の提示」であることは明白である。七段落に「新聞の写真」の説明がある。六段落は「画像についてのアップとルーズのまとめ」である。七段落がない方が、文章構成はすっきりとする。が、七段落のおかげで、文章の構成について学習することができる。こういう指導もときにはよい。

B　段落要約先行指導型

段落番号をつけ、音読までは同じである。次に、いきなり形式段落の一段落の要約から始める。

それぞれの段落で、筆者が伝えたいことを知るために、段落を要約し見出しをつけましょう。最後に文章全体の構成を考えましょう。

最終地点は、文章構成の把握である。そこから、作文指導へと発展させていくことが多い。形式段落の要約が基本的作業となる。筆者が各形式段落の中に込めた思いを明らかにしていく。学年、教材、段落内の構成に応じて、次のようなバリエーションで対応していく。

a　教師がほぼ一人で段落の見出しをつけて例示する。
b　キーワードをすべて教師が提示し、子どもが見出しをつける。
c　キーワードの一部を教師が提示し、子どもはキーワードを補いながら、見出しをつける。
d　教師のキーワードの提示なし。子どもだけで見出しをつける。

私の説明文授業の八〇パーセントは、この「段落要約先行指導型」である。各段落の内容、表現を理解させた上で、構成を確認させたい。

9 教材の特性を生かした構成の検討を

段落を要約し、見出し化する作業を全部終えたところで、それを箇条書きにし板書する。

「たんぽぽのちえ」の場合、上記のようになる。「たんぽぽのちえは、全部でいくつあるのでしょう。」と問う。すると、ちえは、四つあることが見えてくる。

一つ目は、②③をつなげて「たおれたじくへえいようを送るちえ」。二つ目は、④⑤をつなげて「わた毛ができとんでいくちえ」。三つ目は、⑥⑦をつなげて「じくがのびてせいをたかくするちえ」。四つ目は、⑧⑨で「天気に合わせてひらいたりすぼむちえ」となる。

①が「はじめ」。「ちえをはたらかせる」理由を書いた⑩が「まとめ」。四つのちえの説明が、そのまま、四つの「なか」になっていることを確認する。

「『鳥獣戯画』を読む」の場合は、「まとめ」が、⑨⑩であることは、すぐわかる。それを確認した上で、「はじめは、何段落でしょう。」と問う。①②という意

「たんぽぽのちえ」(光村二年)

①春になるとさくたんぽぽ	はじめ
②二三日でたおれるたんぽぽのじく ③じくにえいようを送るたんぽぽ	なか1
④花がかれたあとできるわた毛 ⑤わた毛がひろがりとんでいくたね	なか2
⑥おきあがりのびていく花のじく ⑦せいをたかくしたねをとばすたんぽぽ	なか3
⑧晴れた風の日にひらきとぶわた毛 ⑨雨の日にすぼむわた毛	なか4
⑩なかまをふやすためのたんぽぽのちえ	まとめ

「『鳥獣戯画』を読む」(光村六年)

①相撲をとっている兎と蛙
②抑揚と濃淡の墨の線の見事な筆はこび
③鳥獣戯画は漫画の祖

④鳥獣戯画はアニメの祖
⑤漫画のふきだしとおなじ蛙の口の線
⑥勢いがあり動いている線
⑦一枚なのに時間が流れていく絵
⑧絵で語る物語は日本文化の特色
⑨鳥獣戯画は人類の宝

「天気を予想する」（光村五年）
①天気予報の的中率なぜ高く？
②科学技術の進歩
③国際的な協力の実現
④１００％的中が難しいのは？
⑤突発的な天気の変化
⑥局地的な天気の変化
⑦手だてはないか？
⑧自分で予想する
⑨ことわざに学ぶ
⑩科学だけに頼らず自分でも予想しよう

見が多い。③＝なか1、④＝なか2は、いいように見える。ところが、⑤で再び「漫画」が登場する。⑤の文章を見直すと、「もうすこしくわしく絵を見てみよう」とある。筆者が説明したいことは⑤以降にあると、解釈すればいいのだ。①〜④が「はじめ」、⑤〜⑧が「なか」、⑨⑩を「まとめ」とするのが整合的だ。

「天気を予想する」の①段落は、「天気予報の的中率がなぜ高くなったのか？」という問いの文から始まる。ところが、②段落の「科学技術の進歩」、③段落の「国際的な協力の実現」は、①の問いの答えである。次の④段落で、「１００％的中が難しいのは？」と新たな問いがあり、その答えが⑤と⑥、次に⑦で問いがあり、⑧⑨が答えである。⑩が「まとめ」。⑩の「まとめ」に対応する「はじめ」がない。そこで、「はじめ」を、書かせるという作業をする。

教材の特性を活用して、知的な作業の場を設けていく。

10 リライトで作文筆記力向上

リライトすることで、とてもよい学習ができる教材がある。

「手と心で読む」（光村四年）。視覚に障害のある方が書かれたものだ。九段落からなる。一～八段落までのどの段落にも、キーセンテンスが置かれている。見出しをつけるのは容易である。授業でまとめた一～八段落までの見出し。

一段落「目の不自由な者が指で読む点字」……〈はじめ〉点字とは

二段落「点字についての思い出」
三段落「点字を覚える気になれなかったわたし」
四段落「点字を覚えるようはたらきかけてくれた母」
五段落「忘れられない母が打った白秋の詩」
六段落「初めはむずかしかった点字」
七段落「自由に使える文字を持つ楽しさ大切さ」
……〈なか1〉点字についての思い出

八段落「ブライユが作った点字と日本の点字」……〈なか2〉点字を作った人と日本の点字

一段落が「はじめ」。二～七段落が「なか1」で、「点字についての思い出」。八段落が「なか2」で、「点字を作った人と日本の点字」である。となると、九段落は、なか1となか2の両方をたばねて、点字についての筆者の思いや主張がまとめられることになりそうである。ところが、九段落には、なか1のこと、とりわけ母のことは触れられない。ルイ＝ブライユのことは出てくる。加えて、新たに「視覚障害者用ワープロとか、本を読んでくれる機械」のことが書かれている。最後は、「……人間のちえは、人々の心を結ぶ便利な道具や方法を考え出し、多くの人によろこびを……」と結んでいる。

次のように、話しかけた。

「筆者は、『まとめ』の段落に、最近開発された視覚障害者用ワープロとか、本を読んでくれる機械のことを紹介してくれています。親切ですね。そのために、まとめで、自分自身の思い出について書けなくなってしまいました。そこで、『まとめ』を書き直してあげましょう。次の言葉を入れて、九〇字～一〇〇字で。『点字、私、母、ブライユ。感謝、目の不自由な者』。

まず、私が作ってみた。母を何としても登場させたかった。

点字のおかげで私は読書に親しみ、考えを深めることができました。点字を作ってくれたブライユ、点字をすすめてくれた母に感謝したいです。点字により、目の不自由な者も、社会で活やくできるようになったのです。（九九字）

参考にさせたり、視写させたり、子どもに応じて活用できる。子どものリライト文を一点紹介する。

私に点字をおぼえるようにはたらきかけた母と点字を考え出したブライユに感謝しています。これからも点字の本は次々と作られ、目の不自由な者に文字を持つ楽しさを知ってもらうことができたら、とてもうれしいです。（一〇〇字）

リライトで作文筆記力を高めることができる。

五章

アクティブな思考を促す！
書く力が身につく作文指導の基本技

どんなにアクティブに見える指導法を導入しても、子どもに書く力が身につかなければ、意味がない。教科書の高学年の作文の単元をこなすためには、低、中学年の段階で、相当書くことができるようにしておかなければならない。「書くことができるようになる」ことでしか、子どもたちをアクティブにすることはできない。三つの作文の型を活用し、誰でも書くことができる方法を紹介する。

1 思考のための最高のツールにする

確かに、作文の筆記の際には、「考えがまとまったから、書き進むことができる」という場面もあるだろう。しかし、作文を書く面白さは、「書くことによって、次の一文が見えてくる」「書くことによって、思わぬ自分の考えが生まれる」ことにある。集めたメモの言葉を大量に並べても思考は生まれない。言葉と言葉を統合し文にしていくことで、思考のエンジンがかかる。このことは、多少文章を書いた人なら、誰でも体験していることであろう。書くことは大変である。しかし、書き続ける人がいるのは、書くことの機能を知っているからだろう。

書くことは、思考・思想を生み出すための最高のツールである。

実は、この言葉も、この一文を書くことによって、今、まとまったのである。

教師になってから、クラスの子どもたちにも、大量に作文、日記を書かせてきた。子どもたちは、先生に向けて、ひたすら発信はしてくれた。が、子どもたち全員に、書く力、考える力、そして書く醍醐味を味わわせることができたかは疑問であった。作文が子どもにとって思考のためのツールになるために必要なものを提示できなかったのである。子どもにとって必要なものとは何か。作文の型である。

今から、二五年前、自学のシステムを作った。学校で見せるような知的な表情で家庭学習ができないかと考えた。見開きの二ページにナンバリングしたテーマを複数、レイアウトまで考えて学習していく。教師作成の「自学メニュー」からテーマを選択していく。自学メニューは、日々、教師が更新していく。子どもが一人で知的な学習をするために必要な型と指導方法を構築した。

作文の筆記は、自学の根幹部分をなしていた。しかし、作文筆記のための型や方法を示したとは言えなかった。作文筆記のためのシステムづくりに着手することにした。型を盛り込んだ特製の作文用紙を作った。この一〇年あまり、作文用紙を改訂しながら、作文筆記のシステムをつくってきた。

ようやくたどりついたシステムは、次の八つの柱からなる。

①　三つの型（説明的作文・物語風作文・小論文風作文）の活用
②　（作文は）すべて四段落構成で筆記
③　説明的作文のまとめはなかの共通項
④　説明的作文のタイトルはまとめの中の言葉を使って
⑤　物語風作文は会話からスタート
⑥　意見文・評論文は二項対立でスタート
⑦　書く内容の例と作文モデルの提示
⑧　クラス全員が筆記できる場づくり

2

一生使える説明的作文の基本型を授ける

説明、記録、報告、論説等を書くときの基本の型を示す。この型は、一年生から大人まで活用できるまさに、〝一生もの〟である。この型で書いた作文を、私は、説明的作文と呼んでいる。

説明的作文の基本型

〈テーマ〉（※何を書くかずばり初めに書く。仮題　※最後に書く（まとめの言葉を使って書く）

①　はじめ…話材の提示（何について書くかをはっきり書く）

②　なか1…説明その1（テーマについて具体的な説明を書く）

③　なか2…説明その2（テーマについて、もう一つ具体的な説明を書く）

④　まとめ…なか1となか2の共通項（なか1となか2を書いて気づいたこと・考えたこと）

まず、「テーマ」を書く。何について書くか、ずばり短く書く。仮の題、仮題といってもよい。

例えば、「私の好きなもの」。これがテーマ＝話材である。「はじめ」で、そのテーマ＝話材について簡単に説明する。「私は、〇〇が好きです。その中から、とくに好きなものを二つ紹介します。」というように。「なか」を二つ書く。これがポイントである。一番わかりやすいのは、なか1で「一つ目は、Aです。……」、なか2で、「二つ目は、Bです。」とする方法である。最後は、単なる「おわり」ではない。なか1となか2の説明を束ねて、自分の考えを書く。結論であり、「まとめ」である。

このような構成法は市毛勝雄先生から学んだものである（『説明文の読み方・書き方』明治図書）。最後に、「まとめ」の中の言葉を使って、題＝タイトルをつける。このように、四段落構成で書く。このような四段落型を活用すれば、わかりやすく、説得的な説明的作文を書くことができる。作文筆記の王道である。

〈ぼくの好きな新幹線車両〉

いつか乗りたいE5系と500系

五年　M君

ぼくは鉄道が好きだ。その中でも新幹線が好きだ。では、ぼくの好きな新幹線車両を二両あげる。

一両目は、主に東北地方で「はやぶさ」として使われているE5系だ。緑に赤色のラインが入ったE5系。それは、鉄道が好きでなくてもかっこいいと思うだろう。そして何よりすごいと思うのは最高時速だ。三二〇キロ。初代新幹線0系は二二〇キロ。今主力のN700系でさえ三〇〇キロだ。これでE5系の速さがわかるだろう。

もう一つは、500系だ。カワセミのようなノーズをもった500系。そして丸みを帯びたボディ。日本で初めて、いや世界で初めて時速三〇〇キロを出したのはこの車両だ。今でこそTGVにぬかされてしまったが、車両高速化の火付け役は500系だろう。

二両とも京都駅では見ることができない車両だ。この二両に、いつか乗ってみたいと思う。

3 説明的作文のエンジンをおさえる

「まとめはなかの共通項」。これは、説明的作文のエンジン部分である。この市毛先生の言葉に出会ったときは、目から鱗であった（『説明文の読み方・書き方』明治図書）。「なか」で具体例を説明したのは、まとめで考えや、主張をするためなのである。なかをいくつか書いたら、それらを全部束ねる必要がある。だから、「まとめ」なのである。

教科書に掲載された子どもの作文や説明文の構成を説明する用語は、「はじめ―なか―おわり」である。確かに、「はじめ」に対応する言葉は、「おわり」だ。この「おわり」の一言が、作文指導を低迷させている。教科書を見ると、「おわりには、まとめを書きます」とある。ゆえに、結局、教師も子どもも、「おわり」という用語が残ってしまう。作文指導でも、「まとめ」を意識させないままで終わってしまう。

低中学年用の特製の原稿用紙を作ったとき、用紙の中に、次のように書いた。

「まとめは、なか1となか2の両方のことを書いて、わかったことや考えたことを書きます。」

共通項という言葉を右のように置き換えた。

最後の「まとめ」について、「思ったことを書きましょう」と書いてある教科書を見つけた。大事なことは、その作文で登場する現場で「思ったこと」ではないということだ。「なか1となか2を書いて、今、思ったこと」を書くのである。この章の冒頭（114ページ）で述べた「書くことで、思考が見えてくる」。その見えてきた思考を書くのである。

〔自分の前進〕

山ほどの前進にびっくりぎょうてん　　　　三年　Mさん

今までの自分の前進のことを、私はうれしく思います。

まずは、挙手のこと。私は、毎日、帰り道に、（今日は、前より、すごく手をあげたな）と思っています。挙手をすることにより、全部が心に残ると自分で学びました。しかも、どれだけ、いっぱいあげたか、算数をしているかのようにわかるのです。（ええと……）など思わないで、ぱっと。

次には、わり算のスピード。一回、一分四十五秒の最高をこしました。（ヤッター）という、うれしい気持ちにかわります。こういうときは。けれども、計算のとちゅうは必死なので、なりません。何か大会でドキドキしてまちきれないような気持ちです。それだけでなく、不安も。心配になったり、気がゆるむ、そういう不安です。

このような、前進山ほどの一日に、毎日、おどろかされてしまいます。

自分の前進を現在進行形のような形でまとめたMさん。挙手とわり算練習のときの自分の心の動きを書いた。書くことで、自分の〝今の思い〟を発見。「このような、前進山ほどの一日に、毎日、おどろかされてしまいます。」とまとめたのであった。

4 説明的作文はまとめの言葉でタイトルを

テーマは、初めに書かせる。「私の宝物」「石垣島体験学習」「最近クラスで前進している子」等、何について書くかを大雑把でよいので書かせる。学年によっては、仮の題（仮題）という言い方もよいだろう。そして、テーマとは別に、作文のタイトルを、書かせるのである。

まとめの中の言葉を使って、最後にタイトルをつけましょう。

まとめには、なかの共通項を中心とした気づきや考えが書かれている。その中の言葉を使ってタイトルにする作業は、まとめをさらに要約することになる。体言止めにするとタイトルらしくなる。説明文の読解の際に行う、段落を要約し見出しをつける作業と同じである。タイトルづけは、まとめの要約であるから、要旨を特定することになる。説明的作文のタイトルを見れば、筆者の伝えたいことがずばりわかるというわけだ。

このようなタイトルのつけ方は、子どもにもわかりやすいようである。作文を二つ、三つ書くうちに、子どもたちは、当たり前のように、最後にタイトルをつけるようになる。理にかなっていることは、すぐに定着するということなのだろう。

なお、一年生に指導したときには、初めに、「〇〇〇〇」日記という形でテーマを書かせた。「おてつだい日記」というように。そして、四段落全部書いたその後ろに、題を書く枠を作って書かせた。

次に紹介する作文は、石垣島体験学習のあとで書かせたものである。テーマは「石垣島体験学習」。

竹富島のことを、ビデオとオリエンテーリングに分けて書き進み、「自然と共存」「小さな島の大きなもの」という言葉を使いまとめた。そして、後者をタイトルにもってきたのである。

〔石垣島体験学習〕

小さな島の大きなもの

四年　Ｉさん

私たちは、石垣港から船に乗り、竹富港へ行った。ついたら、オリエンテーリングのグループにわかれた。

まず、ゆがふ館で竹富島のビデオを見た。このビデオを通して、竹富島に住んでいる人々が、どれだけ竹富島を大切にしているかがわかった。竹富島の人々は、この島の美しい自然を生かし、自分たちも精一杯に生きていた。

オリエンテーリングをはじめ、竹富島の中をまわっていった。サンゴを利用したかべもただ積み上げただけでなく、きちんと考えられていた。形があてはまり、くずれないように。かたむいた道にもサンゴは利用されていた。

このように、沖縄の人々は自然と共存して生きていた。あの小さな島の大きな物を私は見つけた。

5 作文好きな子を育てる物語風作文

石垣島体験学習のあと、実は、二つの作文を書いた。一つが、「説明的作文」である。**4**でその中の一つを紹介した。もう一つが「物語風作文」である。その中の一つを紹介する。

〔石垣島体験学習〕

エメラルドグリーンの海

四年　Kさん

「うわー。」とだれかが叫んだ。数歩歩くと、ぱっと視界が開けた。ガイドさんから、サンゴ礁があるところは、うすい青色、深いところは、青色と教えてもらっていた。でも、予想以上にはっきり分かれとってもきれいだった。それに、天気がよかったため、水面がキラキラかがやいていた。黒い四角い物があったが、それは、黒しんじゅのようしょく場だそうだ。

次に、そこで集合写真をとった。長谷川先生と、地元のカメラマンに二枚ずつとってもらった。私は、とり終わってからもう一度海全体を見まわした。やっぱり、きれいだった。今度の海の色は、エメラルドグリーンだった。

「おりるよー。」とだれかがみんなに向かって言った。浜におりると、二そうのボートが、私たちを、待っていた。

一段落では、「うわー。」という誰かの叫びで数歩歩いて視界が開けたことを書く。二段落では、自分の目で見た海の色について細かく再現していく。三段落では、写真をとり終わって再度海を見たこと。四段落は、「おりるよー。」の声で始まり、浜におりると、二そうのボートが待っていたところで終了。Kさんに聞こえた声、彼女自身の行動、目に飛び込んだ色、物、人などが記述され、時が流れていく。まさに、描写である。とくにまとめはなく、余韻を残して終わっている。読者に、映像を喚起させ、「エメラルドグリーンの海に心動かされたこと」を描く。描写すること自体を楽しみ、読者にも楽しみを共有してもらおうという意識が働いているのである。このような作文を、物語風作文と称することにし、その作文の型を、特製原稿用紙に示したのである。

〈テーマ〉〔※何について書くか〕

本題　※最後に書く

1　起…はじめ（この話のはじまり）
2　承…話の続き・発展
3　転…変化・山場（ちょっとの変化）
4　結…おわり（言動・様子）

物語の基本型である起承転結で書く。「転」は少しの変化があればよい。「結」は、言動や周りの様子を描写する。最後に、読者が読みたくなるような題をつけて終了。物語風作文は、書いて面白い。読んで面白い。この型が多くの子を作文好きにした。

6 物語風作文を書くためのコツ

物語風に描写していくのだから、当然、短い時間のことを書くことになる。次の七点を意識させる。

〈物語風作文書き方〉

① 一段落に人の会話や、自分のつぶやきを入れる。

② 一行目を、いきなり会話、つぶやきからスタートするのがおすすめ。
一段落の中に、時を入れる。できるだけ数をはっきりしめす。
それは、〇月〇日、〇時ごろのことだった。
それは、〇〇が始まって、〇分くらいたった頃のことだった。
それは、私が〇さいのときのことだった。

③ 一〜二段落の中に、場所を入れる。

④ 場所、名前はできるだけ固有名詞を使う（これは、すべての型の作文に）。

⑤ 会話、つぶやきは、全体で合計三つ以上入れる。

⑥ 一〇分以内のことを書く。

⑦ 最後に、読者が読みたくなるような題を書く。

物語風作文の型で一年生が書いたものを紹介する。

テーマ〔ふゆの木〕　　　　　　　　　　一年　M君
「はっぱがないよ。」

きょう、ピアノにいくとき、イチョウの木のはがありませんでした。

でも、ごしょのまわりは、みどりの木でいっぱいでした。「ふゆになってはがなくなる木もあれば、ずっとはがのこる木もあるよ。」とおかあさんがはなしました。

いえのにわには、はがまだある木があります。シマトネリコです。はが虫にくわれていました。

バラの木ははがないかわりに、赤いめが出ていました。

バラもシマトネリコもこれから、どうなるでしょうか。

「どうへんかするのかなー。」

これからどうなるのかなー

会話からスタートし、途中でお母さんの会話も入れ、最後に自分の思いを会話風に書くことで、描写が生まれている。会話を入れることで、描写が生まれる。短い時間のことが切り取られていく。

7 様々に活用できる小論文風作文の基本型

立命館小学校では、五、六年生になると、年に数回、樋口裕一氏が主宰する白藍塾から小論文の指導を受けている。樋口式では、「ＡかＢか、賛成か反対か」というように、問題を二項対立の形にし論を展開する。「問題提起―意見提示―展開―結論」で構成し、社会に関わるテーマを論じさせる。

この型を使い、読解の授業で話題になったことを筆記させた。すると、子どもたちは、短時間で、見事に、読解し、そして批評するのだった。以来、読解の授業の中で、この型を頻繁に使うようになった。特製原稿用紙にも、小論文風作文（※小論文風という用語は岩下による）を筆記できるようにした。次の型を示した。

〈テーマ〉〔※何について書くか〕

本題　［※最後に書く］

1 問題提起…何を問題にするか。ＡかＢかの二項対立の形にする。

2 意見提示…次の形で意見を表明する。

「確かにＡもよい。……理由。……。しかし、私はＢに賛成である。」

3 展開…次の書き出しで、Ｂに賛成の理由を詳しく展開させていく。

「なぜなら、……からだ。また、……。」

4 結論…結論をまとめる。

四部構成の仕方とそれぞれの用語は、樋口式そのものであるが、小学生がわかりやすいように例示した。最後にタイトルをつけるのは、岩下の他の作文の型を踏襲している。「海の命」の授業のあと、六年生が書いた小論文を示す。最後の場面を学習したときに、話題にしたことを、再度、小論文で論じた。

〔太一がクエとの出会いのことを誰にも言わなかったことはよいことか〕

父の誠実さを受け継いだ太一

A君

立松和平さんの「海の命」の授業をした。その主人公である太一は、クエとの出会いを生涯だれにも話さなかったが、これはよいことなのか。

確かに、クエとの出会いを他人に話さない場合、せっかくクエに出会ってもりを打たなかったという太一のやさしさを他人に伝えられるチャンスがあるのに、伝えられないという損がある。言えば、位を上げられたかもしれない。しかし、私は、よいことだと思う。

なぜなら、父の教えに反対するからだ。三段落に「二メートルもある大物をしとめても、父はじまんすることもなく言うのだった。『海のめぐみだからなあ。』」とある。二メートルという巨大なクエをしとめても、じまんしないという父の誠実さがわかる。太一は、言わば父の後継者であり、その父の誠実さを受け継ぎたかったのだろう。そして、クエとの出会いをだれにも話さなかったことにより、本当の村一番の漁師ということを証明したのである。

8 「確かに、しかし、なぜなら」の型の力

前ページの小論文。A君はメモをすることもなく、教科書を見ながら筆記していった。三〇分程度で完成し、その勢いで、もう一つテーマを選択して書き始めた。他の子たちも、メモや構成表もなく、いきなり書いていった。小論文の型に支えられながら。なお、この授業については、本書の「文学の読解」（78—80ページ）でも紹介している。

その後、他の学年でも、小論文風作文を書かせてみた。

一年生では、「おおきなかぶ」の授業で書かせた。西郷竹彦氏訳のものと、内田りさ子氏訳のものを紹介したあと書かせた。その一つ。

> たしかにBもいいところがあります。えがわかりやすいからです。それといぬもねこもひとみたいにひっぱっているからです。しかし、ぼくはAのほうがいいとおもいます。なぜなら、ねずみがちいさくても、ちからがあって、かぶがぬけてめだったからです。
>
> 〈国語ノート〉

Aが西郷氏訳、最後に「おじいさんがひっぱって、……ねずみがひっぱって」ぬける。Bの内田氏訳は、「ねずみがひっぱって……おじいさんがひっぱって」ぬけるのである。その違いに、着目させ、筆記させた。このような対比的な思考は、むしろ一年生に向いている。

「確かにAもよい。」という書き出しによって、子どもたちは、まるで魔法のようにもう一つの意見

〈反対側の意見〉を書き出すのである。あまりに、スラスラ書けるので、意見を変えたくなる子が出たりするから面白い。やはり、ここでも、「書くことで思考が生まれる」のである。

いつもは、説明的作文で書かせていた「学校で好きなところ」を小論文の形で書かせた。

〔学校ですきな場所〕

どんぐり広場のブランコ

三年　Kさん

学校の中には、すきな場所がたくさんある。その中で、どこが一番すきか考える。

たしかに、ガラス階段もすきだ。とくに、ガラスの所からけしきを見るのがすきだ。そこから家や工場が見え、とおくの方には、すずしげな緑がいっぱいある。いけ花が五こから十こかざってあるのもいい。しかし、私は、どんぐり広場のブランコの方がすきだ。

なぜなら、私は、体をうごかして、見たりさわったりするのがすきだからだ。ブランコはふつうの公園にあるのとはちがい、二センチぐらいの太さの白いひもを三つあみであんだものだ。一人から二人乗れる。ここでブランコにのると気が楽になる。

このように、けしきを見るガラス階段もすきだけど、体をつかったりさわったりすることができるどんぐり広場のブランコが私は、一番すきだ。

三年生が当たり前のように書き進めた。樋口式の「確かに……、しかし……、なぜなら……」の力である。

9 テーマに対応した型とモデルを提示する

五年生に、説明的作文、「みんなに紹介したい私の宝物」を書かせることになった。子どもたちに、次の「書き方の型」を記した資料を配布し、説明した。

〈テーマ〉〈みんなに紹介したい私の宝物〉
① はじめ（五行）□私には、たくさんの宝物があります。その中から二つを紹介します。
② なか1（一五行）□一つ目は、○○です。……。
★そのあと、次の中から選んで書きましょう。
ア宝物の名前　イいつ手に入れたか　ウ誰にもらったか、誰がつくったか。
エその宝物の大きさ、形、色、様子　オその宝物との思い出　カ今どこにあるか。
③ なか2（一五行）□二つ目は、○○です。……。
★もう一つの宝物のことも書く。
④ まとめ（五行）★その二つの宝物のことを作文に書いて、今気づいたこと・考えたことを書く。
□宝物のことを書いたら、ますます大事に思えてきました。
□これからも、この二つの宝物を大切にしていきたいです。
□私の宝物は、どちらも……だということがわかりました。

四段落構成。各段落ごとに、大体の行数も決めておく。★がアドバイス、□は例文（内容例）である。次に特製原稿用紙を配布する。日にち、テーマ、常体文か敬体文かの選択、とくに誰に読んでほしいかも選択できるようになっている。用紙の上に、はじめ、なか1、なか2、まとめをどこまで書くか印をつける。その上で、この型を使って書いた実際の作文を配布し、音読していった。

テーマ〔私の宝物〕

元気に育て

四年　Hさん

私には、宝物がたくさんある。その中で、私がすごく大切に育てているペットを二ひき紹介する。

一ぴき目は犬だ。名前はアン。アンは、去年四月八日に、保護団体から引き取った犬だ。色は白と茶が交じっている。雑種で、体重は十キロぐらいある。とってもおてんばで、いつも私に遊んでほしくて、あまがみをしてきたり、とびついてきたりする。何でも食べたがるくいしんぼうな子だ。

二ひき目は魚だ。シラハエという種類だ。名前はアニキと言う。アニキは、私がようち園の時に、岐阜の川でおじさんといっしょにつかまえた。最初は、二センチぐらいだったのに、今では、七センチにもなっている。えさは、メダカの餌だが、お父さんが、たまにパン粉をあげたりしている。いつもスイスイ泳いでとても元気だ。

アンもアニキも、私の大切ななかわいい宝物だ。これからも、ずっと元気に育ってくれるとうれしい。

10 クラス全員が筆記できる場をつくる

作文の「はじめ」については、次のような例文を二〜三点示す。

「私には、宝物がたくさんあります。その中で、とくに好きな宝物を二つ紹介します。」

「私には大切な宝物がいろいろあります。その中で、今、大切にしている宝物を二点紹介します。」

そのまま書いてもよいし、アレンジしてもよいことを言う。とにかく、早く書き始めさせる。

このあと、次の箇所で持ってこさせる。

① 「はじめ」を書いたところ。「なか」で書くことを書く子がいないか確認。
② 「なか1」の一文目を書いた子。短く書いているか確認。
③ 「なか1」終了。ここで、「なか1」を確認。わかりにくい文の指摘。何を継ぎ足すかのアドバイス。「なか2」で何を書くかの確認。
④ 「なか2」の終了。「まとめ」は、「なかを書いた今の思いや気づきを書く」ことの確認。
⑤ 「まとめ」終了。「まとめの言葉＝キーワードを使いタイトルをつける」ことの確認。キーワードにするとよい言葉のヒントも。
⑥ 「タイトル」を記入した子。タイトルの確認。

一人につき、最低、六回は教師のところに持ってくることになる。このような個別指導方式を基本とする。班単位で持ってこさせることもする。書いた量に関係なく、全員を確実に指導できる。

個別に対応するときは、必ず、教師の隣に並ばせる。この形だと、教師は、作文を見ながら、前方に座っている大勢の子たちにも目をやることができる。

このように全員が筆記できるような手だてをしても、厳しい子がいるクラスがある。一文を組み立てることができない子への対応も想定しておかねばならない。その対応例。

「宝物の一つ目は何ですか。」と聞く。「犬。」と答える。そこで、「ペットですか。」と聞く。そうだと言う。そこで、「一つ目は、ペットの犬です。」と、教師が一文を薄く書き、なぞらせる。

早く書き終わる子が出てくる。そこで、次のような発展課題を用意しておく。

①微音読させる。音読で、誤りに気づく子がいる。訂正させる。

②もう一つ、作文を書かせる。それを想定して、テーマ、モデルを用意しておく。

③「特製原稿用紙30技法チェックつき」（用紙に「比喩」等の技法を記入、次ページ参照）に書かせた場合は、どこでどの技法を使ったか色鉛筆で印をつけさせ、どんな表現を使ったか確認させる。

④「作文ワークシート」を渡し、記入させていく。バラバラに並べた文節を選択し、組み立てていくと、文、段落が形成されていき、最後に一つの作文になるという、手作りシートである。元は、書けない子のために作成したものだが、早く書けた子の発展課題としても好評である。

とにかく、作文の時間は、全員が作文を書いている。全員が思考しているという空気をつくりたい。

●説明的作文

小さな島の大きな物

四年Iさん

私達は石垣港から船に乗り、竹富港へ行った。ついたら、オリエンテーリングのグループにわかれた。

まず、ゆがふ館で竹富島のビデオを見た。このビデオを通して竹富島に住んでいる人々が、どれだけ竹富島を大切にしているかがわかった。竹富島の人々はこの島の美しい自然を生かし、自分達も精一杯生きていた。

オリエンテーリングをはじめ、竹富島の中をまわっていった。サンゴを利用したかべもただ積み上げただけではなく、きちんと考えられていた。形があてはまり、くずれない様に。かたむいた道にもサンゴは利用されていた。

この様に、沖縄の人々は自然と共存して生きていた。あの小さな島の大きな物を私は見つけた。

〔作文の技法３０…使った技法をチェック〕□敬体・常体　■漢字　□一文短く　■読点　□時　■場所　■人物　□会話　□会話スタート
□段落　■主語述語対応　□主語省略　□直喩　□隠喩(AはB)　□体言〔名詞〕止め　□擬人法　□対比　■接続語　■指示語　□強調
□倒置法　□擬音語　□擬態語　□色　□数　□音　□辞典活用（国・漢）□まとめ→タイトル　□図・絵挿入　■〔 四 〕段落構成

●物語風作文

2/13(水)

永田さんの、やさしい絵

（永田萠さんのお話）

四年Mさん

「今日は。私は永田萠です。今日は始めに読み聞かせをしようと思います。」と、永田萠さんが言った。

今日は、永田萠さんが来校して下さった。絵本作家だ。永田さんは本を持ってスタンバイしている。徒競走のスタートラインで用意している様だ。

体育館が暗くなった。読み聞かせの始まりだ。そこには、フルートをふく、圓城みかさんもいた。圓城さんのフルートの音は、すきとおった氷の様な音で、お話にとても合っていた。永田さんの絵も、かわいく絵が私に語りかける様なくらいだった。私は、特に、最後の夢の絵が気に入った。色合いがよかった。

永田さんの絵本は、とても、やさしい気持ちが伝わる絵でたくさんだった。次はクイズらしい。ドキドキしてくる心。楽しみ。

〔作文の技法３０…使った技法をチェック〕☑敬体・常体　□漢字　☑一文短く　☑読点　☑時　☑場所　☑人物　☑会話　☑段落　□会話
☑直喩(AはBのよう)　□隠喩(AはB)　☑体言〔名詞〕止め　□擬人法　☑対比　□接続語　□指示語　□強調　□倒置法
□擬音語　☑擬態語　□色　□数　□におい　□音　□味　□辞典活用（国・漢）□まとめ→タイトル　□図・絵挿入　☑〔 4 〕段落構成

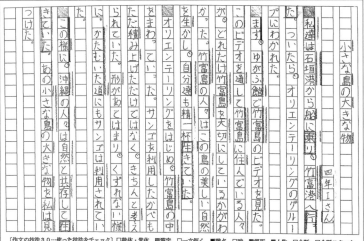

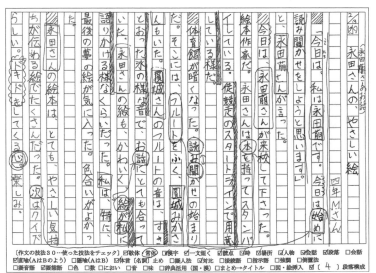

六章

発信型でアクティブに！漢字指導の基本技

漢字の学習というと、書いて覚える学習が一般的である。入力中心の学習になりがちである。漢字練習の大半を家庭学習にしている先生も多い。音読、発表を大胆に取り入れた発信型の新出漢字の指導法を紹介する。

1 漢字ドリルは丸ごと素読する

漢字ドリルは、熟語や、例文がたくさん載っているものを選ぶ。ここで紹介するのは、光村教育図書の「漢字かんぺきくん」という漢字学習教材（ドリルと呼んでいた）を使った際の、指導である。

例えば、新出漢字「義」の指導。

まず音読から入る。その際、次のことを意識する。

その漢字について書かれているすべての言葉を素読する。

このドリルの場合、まず、太めの文字で、「義」と書かれている。次の五点について書かれている。

① 部首と画数　「部首ひつじ　13画」
② 音読み・訓読み　「音読み『ギ』、訓読み『―（なし）』」
③ 使い方の例　「意義のある経験。正義の味方。」
④ 熟語　「義理。主義。」
⑤ 例文　「時間を有意義に過ごす。」

※「　」を音読する。

教師が①～⑤を一行ずつ範読し、子どもたち全員が追い読みをしていく。教師は、「ハラ・タメ」を使い、リズム、意味、響きに注意して音読する。本書の音読の項で紹介した詩歌の音読（三八ページ）と同じように読む。

「かんぺきくん」は見開きでA3サイズになる。両手で持ち、腰を伸ばして読むとよい姿勢になり、発声もよくなる。

音読み、訓読みの片方しか書かれていないときは、右ページのように「なし。」と読むことにする。①〜⑤まで追い読みをしたあと、今度は、全員で通して全部を読む。そこに生まれる響き、空気は、漢詩の読み下し文を読んだときと、何ら変わらない。漢詩の素読をしているかのようである。漢字ドリルには、右のように、熟語、例文が出ている。当然、音読み、訓読みの両方が登場する。読み方を少し工夫しただけで、漢字ドリルは、「漢詩」に転化するというわけだ。

この方式を導入した当初は、「教師―全員」の追い読みになる。慣れてきたら、教師の範読部分を、子どもにさせる。座っている順番に五人の子に、①〜⑤までの範読担当者になってもらう。「子どもの担当者―全員」の形となる。短いけれど、自分の読みが、モデルとなる。だから、みんな懸命に読む。

このように、漢字ドリルを手にしたら、まず、ひたすら音読する。その漢字についての情報を、音読することで体にしみこませるのである。

この漢字ドリルの素読は、立命館小学校の授業で思いついた。単なるドリルと思っていたのに、子どもたちは、他の詩歌のように、素晴らしい音読をしたのだった。そこで、一つの型として取り入れたのである。

2

画数の筆づかいも音読する

新出漢字「義」の指導。音読（前ページで紹介した、漢字ドリルの素読）が終わった瞬間、教室の前の電子ボードに「義」を投影した。電子版の教科書の中にある漢字である。一メートル大の大きさだ。電子版教科書がなければ、パワーポイントで作成した漢字を大きく投影することもできる。実物投影器を使ったり、大きく板書してもいい。

義

ボードの字を見て、「1、2、3、……」と唱えながら、手と指を使って、空中に空書きしていく。

このとき、面白い方法がある。

画数の音読も、その画の筆の使い方を音読で表現する。

例えば、「大」という漢字の場合だと、一画目は、「いーち」と言って筆をおさえる。二画目の左はらいは、「にいー」と、最後は消えるように。三画目の右ばらいは、「さーあん」と、筆のはらいがイメージできるように音読するのである。立命館小学校の岩崎純子先生が指導されるのを見てこの方法を知った。先生は、画の筆づかいを、当たり前のように音声化されるのだった。

大

「義」は、画数一三。この中に、六つのとめ、四つのはらい、二つのはねがある。縦棒に続く左へのはねが、九画目だから、「きゅう、う」となる。一二画目の上へのはねは、「じゅう・いーち」と勢いのある声になる。ぜひ、画数の筆づかいの音読を試してほしい。

3 漢字の気づき・不思議を見つけさせる

筆順練習のあとは、その漢字についての気づき・不思議を発表させる。

「義」の字の中で気づいたところ・不思議なところを言ってください！


次のような言葉かけも効果的である。

「とくに間違えやすいところはどこ？」

「この字の中に隠れている漢字は？」

右の「問い」に対して、たくさん挙手がある。

「『、』は、八画目の横棒の上に書く。」

「我の代わりに大を書くと、美になる。」

よい意見が出た。私から、次のような説明をした。


中国では、羊は、大切な動物でした。「美」「善」「詳」など、羊がつく漢字は、よいという意味をもっています。

ときには、白川静氏の解読『常用字解』（平凡社）から、わかりやすいものを、このように説明していく。私が紹介した「美」「善」「詳」を、子どももドリルの片隅に書き込んでいく。

4 目をつぶって書かせる

漢字についての「気づき」の交流のあとは、個人での練習タイムとなる。まず、個人で、「空書き」をさせる。その際、必ず、画数の音読をさせる。練習が始まって一〇秒くらいたったところで言う。

目をつぶって書けたら、もう覚えたことになります。

これは、面白い指示である。どこで誰に聞いたか、読んだかは忘れてしまった。試しに、自分でやってみた。すると、目をつぶって書くと、書いていく一画、一画の線が、暗闇の中に浮かぶのである。家で覚えてくるのでなく、この時間中に、本当に覚えさせてしまうのである。慣れてくると、いちいち指示しなくても、自分で目をつぶって覚えたかどうかを確かめる子が出てくる。

もう大丈夫だと思った子は、ドリルへの記入を開始する。その際、次のように、宣言する。

ドリルに書きます。

「もう覚えたので、ドリルに書きます。」ということである。

『はい、どうぞ。』と、その子を見ながら教師も言う。「ドリルに書きます。」の声が、次々に起こる。空書きをしたり、目をつぶったり、自分で書きますと宣言したり。ずいぶん、にぎやかな練習風景となる。体をアクティブに使う、出力型の漢字学習ということである。

5 丸つけは半丸方式で

ドリルには、「義」を書く欄が五つある。私は、子どもが書いた字を見に行く。子どもに持ってこさせる方法もとる。五つ目の「義」に赤鉛筆で、次のいずれかの丸をつけていく。

◎…正しくていねい　○…一応正しい　）……誤りあり→正しく直す

実際には、◎と○の間に、一重半（◎にもうひといき）という評価も設けている。）の場合は、書き直させる。正しければ、）に線を継ぎ足して、○にする。この「半丸方式」。「わかりやすい。」「やる気になる。」と、子どもたちにも好評である。

五つの漢字練習が終わると、熟語、例文を書き写す作業に移る。そのコーナーは、ドリルの下の段にある。子どもたちは、「下の段へいきます。」と宣言。『はい、どうぞ。』と私。この作業の約束。

①　そのまま、濃く、大きく、正しく書く。
②　漢字辞典で、その漢字を探し、ドリルにない熟語を一つ書く。

漢字ドリルが終了した子は、「漢字ノートへいきます。」と宣言、ノートに練習する。一つの漢字につき、二行の練習をする。ドリルの熟語を中心にまとめる。漢字辞典の中の熟語を一つは書く約束になっている。

表現いっぱいのにぎやかな場と、覚える場の両方からなる漢字学習。表出型の練習システムである。

おわりに

四〇年以上のベテランなら、アクティブな授業などスイスイ当たり前と言われそうである。とんでもない。明日の授業をクリアするために、ぎりぎりまで作戦を考えている。そして、やっと一時間の授業が成立。うまくいったと喜んだり、うーんと頭を抱えたり……。新卒の頃とほぼ同じである。しかし、このスタイルを、楽しんでいる感じもある。

それにしても時代が変わった。子どもが変わった。大人と子どもの関係が変わった。アクティブ・ラーニングや言語活動、学び合い等の必要性が叫ばれるのは、実は、知的でアクティブな言葉や精神、活動がうまくできなくなっているからではないかと考える。二一世紀型の授業、時代に対応した授業等と言われているけれど……。実際、四〇年前の新卒時代の方が、子どもたちは、アクティブだった。技も型も持っていない未熟な教師であったが、アクティブ・ラーニングの場が生まれていたように思うのである。

研究会などで講話をすると、「次々と新しい技を紹介されますね。」等と言われる。確かに、私の話は、変わっていく。目の前の子どもたちを知的でアクティブな姿にしたい。この願いは変わらない。ところが子どもたちは、むしろ非アクティブ化していると言っていい。こちらの作戦も変わらざるを得ない。新しい〝作戦〟＝技を開発することになる。「もう少し修業します。」最近、この言葉が口癖になっている。本当にそう思う。子どもたちの変容に対応していかねばならない大変な時代は、見方を変えれば、いつまでも修業させてくれる時代であるとも言える。実際、今回、この原稿をまとめている間にも、明日の授業をクリアするための〝作戦〟の中から、新たな技が生まれている。やはり、「もう少し修業します。」である。どこまで行けるかわからないけれど。

明治図書の編集部の方々が本書をまとめるように声をかけてくださってから、ずいぶん月日が経ってしまった。書名も、当初のものとはまったく違うものになってしまった。お詫びの言葉もない。しかし、終わってみれば、何と、書名を変更した分、私の学びはふくらんだ。今回も、書くことで思考が生まれた。自分の教師としての願いを確認することができた。「単著の執筆状況をお聞かせいただければ……」明治図書の林知里さんから、たくさんのアクティブな激励の言葉や提案をいただいた。おかげで、何とかここまで筆を進めることができた。本当に感謝の言葉もない。一冊にまとめる執筆作業は少し苦しい座学であった。が、今回の作業は、まちがいなく、私の自学であり、アクティブ・ラーニングであった。

岩下　修

【著者紹介】

岩下　修（いわした　おさむ）
公立小学校教諭，立命館小学校教諭，立命館大学非常勤講師を経て，現在，名進研小学校国語顧問教諭，立命館小学校国語教育アドバイザー。

〈主著〉

『「指示」の明確化で授業は良くなる』（1986年）『AさせたいならBと言え―心を動かす言葉の原則』（1989年）『上達論のある指導案の書き方』（1991年）『指導案の書き方の技術』（1991年）『自学のシステムづくり』（1992年）『自学力を鍛える基本テーマ事例集』（1993年）『「自学」で子どもが変わる』（1997年）『教師の言葉が生きる瞬間』（1999年）『学ぶ「からだ」を育てる―表現で学級・授業を拓く―』（2004年）『国語の授業力を劇的に高めるとっておきの技法30』（2006年）『教師と子どもの読解力を高める』（2008年）『国語科言語活動の充実策』（2009年）『指導案づくりで国語の授業力を高める』（2009年）『続・AさせたいならBと言え』（2010年）（以上明治図書），『スラスラ書ける作文マジック』（2013年）『スラスラ書ける作文マジック入門編』（2015年）（以上小学館）

岩下修の国語授業
授業を成立させる基本技60
アクティブ・ラーニングを目指す授業づくり

2016年4月初版第1刷刊
2017年1月初版第3刷刊
©著　者　岩　下　　修
発行者　藤　原　光　政
発行所　明治図書出版株式会社
http://www.meijitosho.co.jp
（企画）杉浦美南・林知里（校正）清水聰
〒114-0023　東京都北区滝野川7-46-1
振替00160-5-151318　電話03（5907）6703
ご注文窓口　電話03（5907）6668
＊検印省略
組版所　中　央　美　版

Printed in Japan　ISBN978-4-18-122110-2